삶으로 설명한 신앙
두 번째 이야기
: 허다한 증인들

삶으로 설명한 신앙 두 번째 이야기
: 허다한 증인들

© 생명의말씀사 2021

2021년 3월 31일 1판 1쇄 발행

펴낸이 | 김창영
펴낸곳 | 생명의말씀사

등록 | 1962. 1. 10. No.300-1962-1
주소 | 서울시 종로구 경희궁1길 6(03176)
전화 | 02)738-6555(본시) · 02)3159 7979(영업)
팩스 | 02)739-3824(본사) · 080-022-8585(영업)

지은이 | 박영덕

기획편집 | 서정희, 김유미, 장주연
디자인 | 윤보람
인쇄 | 예원프린팅
제본 | 영진문원

ISBN 978-89-04-16750-0 (03230)

저작권자의 허락없이 이 책의 일부 또는 전체를
무단 복제, 전재, 발췌하면 저작권법에 의해 처벌을 받습니다.

허다한 증인들

삶으로 설명한 신앙

두 번째 이야기

박영덕 지음

기드온 · 삼손 · 룻 · 사무엘 · 사울 · 다윗 · 솔로몬 · 엘리야 · 엘리사

서문

그들이 삶에서 승리한 이유

저는 성경의 인물들을 만나면서 큰 용기와 격려, 실천적 지혜, 하나님의 자비하심과 오래 참으심, 그리고 하나님이 일하시는 방법을 알고 배울 수 있는 기회를 가졌습니다. 그들도 우리처럼 연약하고 많은 한계를 지닌 사람들이었지만, 그들이 삶에서 승리한 이유는 오직 하나, 하나님께 대한 순종과 동행이었습니다.

이 사실은 오늘날도 여전히 변함없는 진리입니다. 하나님께 순종하고 하나님만 의지하는 자는 아무리 보잘것없고 미천한 자라도 삶이 빛나고 승리할 것이요, 반대로 세상에서는 인정받고 힘 있는 자라 할지라도 하나님을 멀리하는 자는 결국 그 생이 초라하고 실패할 수밖에 없습니다.

『삶으로 설명한 신앙』 1권에서는 구약의 아담부터 여호수아까지의 인물들을 살펴보았는데, 모세와 여호수아를 제외하고는 주로 개인적인 삶과 연계하여 하나님과의 관계가 그들의 삶에 어떤 영향을 주는가를 살펴보았습니다. 이제 두 번째 이야기에서는 주로 이스라엘, 유대 민족과 그들의 삶이 어우러지는 가운데 나름대로 연약함과 한계를 지닌 사사, 선지자, 왕들이 하나님께 어떻게 쓰임 받으며 성숙해져 가는지에 초점을 맞추었습니다.

인간적으로 많이 연약하더라도 하나님께 사용된 순종의 사람 기드온과 힘은 셌지만 하나님의 뜻에 대한 무지함의 결과로 장렬하게 생을 마칠 수밖에 없었던 삼손을 통해 다시 한 번 우리의 마음을 추스르게 됩니다. 기도로 태어난 사무엘은 오직 하나님만 의지해 기도하면서 이스라엘 민족을 이끌었지만, 모든 좋은 조건을 갖춘 사울왕은 단지 시기심 하나로 인생을 망치는 모습을 보였습니다. 특히 사울을 통해 우리의 죄 된 내면을 다시 돌아보며 회개하는 계기가 되는 것 같습니다.

하나님을 사랑하려면 나처럼 해보라고 외치는 듯한 다윗왕을 보면서 하나님을 향한 그의 진실하고 순전한 마음을 배우게 됩니다. 깜깜한 배도의 시대를 살면서 같은 편이라고는 좀처럼 찾아보기 어려운 상황에서 끝까지 주님께 충성했던 엘리야와 엘리야의 후계자로서 이스라엘 민족과 왕을 지도했던 신실한 엘리사를 통해 이 시대 진정한 일꾼의 삶을 엿보게 됩니다.

1권을 통해 실제적 도움을 많이 받았다는 격려 어린 성원과 함께, 죄악이 가득하고 심히 세속화된 세상에서 이 두 번째 이야기가 우리 성도들에게 삶의 실제적인 방향 제시와 처방이 되기를 바랍니다.

우리도 믿음의 선배들처럼 이 땅에 물들지 않고 깨어서 주님이 맡기신 사명을 잘 감당하고 훗날 주님을 만나 뵈올 때 모두 칭찬받는 성도들이 되기를 소망합니다. 감사합니다.

박영덕 목사

차례

서문 그들이 삶에서 승리한 이유 _4

01 주님의 일꾼들이 기억해야 할 공식
연약하다고 꼭 지는 것은 아니다 『기드온』 _12
하나님께 부름 받은 자 | 어려운 상황에서도 순종한 자 |
목적을 이루기 위해 참는 자 | 실수로 에봇을 만든 자

02 떠나야 할 때 떠나지 않으면 하나님이 떠나시는 때가 온다
힘은 있지만 사명을 잃은 자의 고단함 『삼손』 _30
사사로서의 책임 인식 | 사사로서의 책임 망각 | 사사로서
의 책임 이행

03 하나님을 온전히 의지한 이에게 허락된 복
미처 모르고 선택한 복의 길 『룻』 _46
결단하는 여인 | 배려하는 여인 | 최선을 다하는 여인 |
은혜를 아는 여인 | 돌보심을 받는 여인

04 기도를 쉬는 것은 이기적인 죄다
기도로 태어나 민족을 위해 기도한 자 『사무엘』 _60

민족의 회개를 이끈 자 | 왕을 세운 자 | 기도하기를 쉬지 않는 자 | 사명을 완수한 자

05 하나님 말씀을 무시한 자의 피할 수 없는 대가
분노로 망쳐진 인생 『사울』 _72

겸손한 왕 | 불순종한 왕 | 비참한 왕

06 우리 생에서 큰 일은 하나님이 하신다
땅에 살지만 하나님과 같은 편 『다윗 1』 _86

의분을 견딜 수 없는 자 | 준비되어 있는 자 | 하나님의 능력을 드러낸 자 | 하나님의 뜻에 따라 움직인 자

07 사망의 음침한 골짜기 그 이후를 생각하라
하나님과 동행하는 고난도 영성 『다윗 2』　_96

난처한 상황, 도우시는 하나님 | 낙심을 이기는 경건 |
거부에 따른 상실감 극복 | 하나님 앞에서의 삶

08 마귀는 처음부터 죄를 짓자고 하지 않는다
**하나님을 사랑하는 것과
죄를 짓는 것은 또 다른 문제 『다윗 3』**　_108

다윗의 성전 | 최악의 범죄 | 성적인 죄를 짓지 않으려면?

09 회개에 걸리는 시간과 영성은 반비례
용서는 받아도 대가는 치른다 『다윗 4』　_122

빨리 하는 회개 | 아들의 반역 | 다윗의 대처

10 지혜가 많은 것과 영적으로 깨어 있는 것은 별개다
지혜를 꺾는 많은 여인의 연합된 힘 『솔로몬』　_138

지혜를 얻은 자 | 성전을 건축한 자 | 생의 전성기를 경험
한 자 | 하나님을 버린 자

11 하나님의 일꾼은 시대 맞춤형이다
홀로 싸우는 전투 『엘리야 1』 _152

얻어먹는 일꾼 | 준비된 일꾼 | 도전하는 일꾼 | 승리하는 일꾼

12 주님의 일을 하는 일꾼의 바람직한 태도
살아서 충성, 죽어서 인정 『엘리야 2』 _168

기도하는 일꾼 | 죽기를 구하는 일꾼 | 위로를 얻는 일꾼 | 마무리를 잘하는 일꾼 | 살아서 세상을 떠난 일꾼

13 주님이 내 삶을 사용하시도록 내어드린다는 것은…
짙은 어둠 속 더욱 빛나는 일꾼 『엘리사』 _186

대안 없이 순종하는 자 | 전임 사역으로 뛰어든 자 | 하늘의 능력을 구하는 자 | 영혼을 사랑하는 자 | 계속 사용되는 자 | 기도로 세상을 이기는 자 | 상황을 주도하는 자 | 죽을 때까지도 영성을 유지한 자

01

연약하다고
꼭 지는 것은 아니다
『기드온』

자신은 약한 자인데
어떻게 이스라엘을 구하겠냐고
반문하며 회피하던 기드온,
그가 어떻게 미디안 사람 치기를
한 사람 치듯 할 수 있었을까?

1. 하나님께 부름 받은 자

 사사시대는 사람들이 각기 자기의 소견에 옳은 대로 행하던 시대였다. 이스라엘 백성은 가나안 땅에 정착한 후 생활이 안정되자 하나님을 잊어버리고 가나안의 우상들을 따랐다. 하나님은 그런 이스라엘에게 벌을 내리셨고 그때마다 이스라엘은 하나님께 울며 간구했다. 그러면 하나님은 사사를 보내 그들을 구해주기를 여러 차례 반복하셨다. 기드온은 그런 사사 중 한 명이었다.

 당시 이스라엘 백성은 요단 동쪽에 거주하는 미디안 때문에 7년 동안 고통을 받고 있었다. 농작물을 심어놓으면 미디안이 쳐들어와 토지소산을 없애고 가축까지 멸하기 일쑤여서 이스라엘은 궁핍에 시달릴 수밖에 없었다. 이런 고통 중에 이스라엘 백성은 하나님께 부르짖었고, 하나님은 그들을 구원하기 위해 기드온을 사사로 세워주셨다. 자신은 약한 자인데 어떻게 이스라엘을 구하겠냐고 반문하며 회피하려던(삿 6:15) 기드온에게, 하나님은 "내가 반드시 너와 함께 하리니 네가 미디안 사람 치기를 한 사람을 치듯 하리라"(삿 6:16)라고 약속하셨다.

전능하신 하나님 입장에서 볼 때 기드온의 약함은 문제가 되지 않았다. 기드온을 통해 하나님이 직접 일하실 것이기 때문이다. 기드온이 잘 순종하는가 아닌가가 중요할 뿐이다. 이는 모든 시대 주님의 일꾼들이 기억해야 할 공식이다. 주님의 일을 할 때 자신의 부족함을 생각하지 말고, 하나님이 동행하시는지 아닌지 그 여부를 먼저 살펴보아야 한다.

이 부르심과 관련해 한 가지 살펴볼 점은, 기드온이라는 인물이 세워진 배경에는 이스라엘 백성의 부르짖음이 있었다는 사실이다. 이스라엘 백성이 미디안 때문에 너무 괴로워서 하나님께 기도하자(삿 6:7) 하나님이 기드온을 세워주셨다. 비록 이스라엘 백성이 하나님 앞에서 악을 행해 고통받았지만(삿 6:1) 그들이 간구할 때 하나님은 은혜를 베푸셨다.

요즈음 한국 교회를 보면 많은 청년이 교회를 떠났고, 중고등부는 절반 이하로 줄었으며, 경건한 성도들을 만나기가 쉽지 않다. 게다가 일부 목회자의 문제까지 더해져 위기를 맞이하고 있다. 그러나 다행히도 눈물 흘리며 새벽기도와 철야기도를 드리던 이전 세대의 간구가 있었기에 아직은 소망이 있다. 이스라엘이 하나님께 탄원한 것처럼 부르짖는 그들의 기도를 들으시고 하나님이 이 시대에도 일꾼을 주셨기 때문이다. 생각해보라! 어떻게 우리가 주님을 위해 일할 마음을 갖게 되었나? 어떻게 성경을 연구하고 기도하고 전도하면서 주님을 위해 살아야겠다는 뜨거운 마음이 생겨났는가? 수십 년 동안 새벽마다 부르짖던 믿음의 선배들의 기도 응답이 바로 우리다. 우리가 이 시대에 부름 받은 자인 것이다.

2. 어려운 상황에서도 순종한 자

바알 신상을 제거하다

하나님은 기드온을 부르신 후 곧바로 미디안과 싸우라고 하지 않으시고 먼저 바알 제단을 헐라고 명하셨다. 당시 바알 제단을 훼파하고 아세라 신상을 찍는다는 것은 목숨을 건 위험한 일이었다. 기드온은 사람들이 두려워 밤에 몰래 이 일을 감행했으나 결국 발각되어 죽을 위험에 처했다(삿 6:30). 그럴 법도 한 것이, 만약 승려와 불교 신자들이 잔뜩 모여 있는 불교 법당에 그리스도인들이 가서 부처 우상을 훼파한다면 온전히 살아남겠는가.

그렇다면 하나님은 왜 미디안이 아닌 우상과 제단을 먼저 파괴하라고 하셨는가? 이는 이스라엘 전체에 대한 시청각 교육이었다. 이스라엘은 어떻게 하면 자신들을 괴롭히는 미디안에게서 해방될까 하는 생각뿐이었지만, 하나님은 그보다 먼저 이스라엘의 죄를 제거하기 원하셨다. 이스라엘이 왜 이렇게 고통받고 있는가? 그것은 하나님을 불신했던 죄 때문이다. 표면적으로 드러난 증상은 미디안 사람들의 침략으로 인한 괴로움이지만, 고통의 근본 원인은 하나님께 지은 죄였던 것이다. 하나님은 단번에 미디안을 멸망시키고 이스라엘에게 평안을 주실 수 있지만, 후에 그들이 다시 우상숭배 할 것을 아셨기에 무엇보다 먼저 우상을 제거하기 원하셨다. 이것이 하나님의 의도다.

하나님 앞에서 죄 문제를 해결하고 정결해지기만 하면 그 어떤 문제도 다 해결된다. 그런데 우리는 자신에게 닥친 문제만 크게 보고 배후에 있는 죄 문제는 대수롭지 않게 넘긴다. 직장, 결혼, 집 장만, 자녀 교육 등 당장 눈앞에 닥친 문제 때문에 힘들어서 "주님, 해결해주세요!" 간구하지만, 하나님은 문제 해결보다 먼저 하나님과 우리의 관계 회복을 원하신다. 현재 어떤 문제를 놓고 기도하고 있나? 하나님은 얼마든지 그 문제를 해결해주실 수 있다. 그러나 그보다 먼저 하나님과의 관계에서 막힌 부분은 없는지 살펴보라. 하나님 앞에 범한 죄, 하나님과의 관계를 가로막는 장벽이 있다면 회개함으로 그것을 헐어야 한다. 그것이 제대로 된 순서다.

불안을 제거하다

드디어 미디안과의 싸움이 시작되었다. 그리고 전쟁에 앞서 그 유명한 기드온의 양털 이야기가 나온다. 기드온이 "저를 통해 이스라엘을 구원하실 거라면 주변 땅은 마르고 양털에만 이슬이 있게 해주십시오"라고 기도했더니, 그대로 되었다. 이튿날 그 양털에서 이슬을 짜니 물이 그릇에 가득했다. 한 번 더 "양털만 마르고 주변 땅에는 다 이슬이 있게 해주십시오"라고 기도했더니, 또 그대로 되었다.

첫 번째 이적이 비교적 쉽다고 느껴져서일까? 두 번째는 양털만 마르는 이적을 보여달라고 했다. 비록 기드온이 담대하지 못해 두 번이나 하나님께 이적을 보여달라고 구했지만, 하나님께 여쭈어본 것은 잘한 일이다. 미디안과 전쟁하라는 명령을 받았으면 이스라엘 지파를 소집해 전쟁 준비를 하는 것이 일반적인 수순이지만, 이에 앞서 그는 하나님이 이 전쟁에 동행하시는지를 먼저 확인했다.

이 땅을 살아가면서 우리는 숱한 포기와 선택의 순간을 마주한다. 그런 순간에 딱 한 가지만 점검하면 된다. '하나님이 나와 함께하시는가?' 이것이 우리 삶의 모든 문제를 해결하는 가장 중요한 기준이다. 앞날에 많은 문제가 있겠지만 하나님이 함께하시면 아무것도 염려할 필요가 없다.

의지할 것을 제거하다

양털만 마르고 그 주변 땅에 이슬이 맺히는 것을 보고 하나님이 함께하심을 확신하게 된 기드온은 드디어 전쟁을 시작했다. 그런데 하나님은 기드온에게 군사 수를 줄이라고 하셨다. 그래서 두려워하는 자들에게 돌아가라고 했더니 군사 3만 2,000명 중 2만 2,000명이 돌아가고 1만 명이 남았다(삿 7:3). 적군의 수는 얼마였을까? 13만 5,000명이었다(삿 8:10). 원래 13만 5,000 대 3만 2,000, 즉 4 대 1의 싸움이었는데 곧바로 2만 2,000명이 돌아갔으니 13.5 대 1의 대결이 되었다. 그렇다면 이 싸움은 해보나 마나 한 싸움이다. 이미 패색이 짙다.

그런데도 하나님은 군사가 아직도 많으니 더 추리라고 하셨다. 물가로 가서 물을 손으로 움켜 입에 대고 핥은 자 300명을 제외한 나머지, 무릎 꿇고 마신 자 9,700명을 돌려보내라고 하셨다(삿 7:5-7). 그러면 이제 450 대 1의 싸움이다.

지도자로서 기드온은 이 명령을 받아들이기가 매우 힘들었을 것 같다. '3만 2,000명으로도 턱없이 부족하여 군사를 다른 곳에서 구해 와도 모자란 판에 300명만 남기라고 하시니, 대체 어떻게 하시려는 건가? 전쟁터에 내보내 우리를 죽이려고 작정하셨나?' 하고 생각했을 것 같다.

그런데도 기드온은 하나님의 말씀에 순종했다. 여기에 대해 전혀 불평이 없었다. 비록 담대하지 못해서 하나님의 동행 여부를 자꾸 물어봤을지언정, 그는 하나님이 명령하시면 바로 순종하는 일꾼이었다. 그의 순종은 거의 아브라함급이었다. 100세 때 얻은 아들 이삭을 바친 아브라함과 비슷하다. 처음부터 300명을 데리고 가서 싸우라고 하셨다면 차라리 나왔을 텐데, 적과 대치하고 있는 상황에서 아군의 수를 줄이고 줄여 450 대 1로 싸우게 만드셨는데도 순종하다니…. 기드온은 자기가 생각하기에 도저히 불가능해 보일지라도 주님이 원하시기에 순종했다. 신앙의 인물에게는 이런 깊은 영성이 있다.

그렇다면 하나님은 왜 이렇게 하셨을까?

당시 이스라엘은 하나님께 죄를 범해 고통받고 있는 중이었다. 그런데 만약 3만 2,000명이 전쟁에 참여해 이기기라도 하면 자신들의 힘으로 이겼다고 의기양양할 것이 뻔했다. 따라서 누가 보더라도 하나님의 능력으로 이긴 것이 분명하도록 하나님이 소수만 남겨놓으신 것이다(삿 7:2). 이번 기회에 하나님은 이스라엘을 돌이키려고 하셨다. 이스라엘에게 평안한 삶만 주신다면 다시 우상숭배 할 것이 분명했다.

영국의 왕정 의사였던 마틴 로이드 존스(Martyn Lloyd Jones)는 힘들여 병든 환자를 치료해주면 건강해진 그들이 죄짓는 모습을 보면서 그리스도인으로서 회의가 들었다. 그래서 그는 근본적인 영혼 구원의 문제를 해결하는 것이 진정한 치료임을 깨닫고 목사의 길을 택했다. 무엇이 더 중요한지 깨달은, 그 나름의 중요한 결정이었다.

하나님은 우리가 하나님을 의지하며 살아가기를 원하신다. 그래서 때로 450 대 1이라는 말도 안 되는 상황, 어려운 상황으로 우리를 밀어넣기도 하신다. 너무 세속적으로 살아가니까, 하나님을 의지할 수밖에 없는 450 대 1의 순간을 허락하기도 하신다. 그렇더라도 하나님만 의지하면 300명이 13만 5,000명을 물리칠 수 있다. 그러니 지금 자신에게는 부족한 것과 어려운 일밖에 없다고 한탄할 것 없다. 진짜 한탄할 일은 하나님과의 동행, 기도가 없는 삶이다.

한편, 되돌려 보낸 3만 1,700명은 얼핏 행운아처럼 보인다. 소집되어 전쟁터에 나가긴 했는데 13만 5,000명이라는 어마어마한 미디안 군사가 포진해 있어 두렵고 떨렸다. 그런데 고맙게도 사령관 기드온이 두려워하는 자들은 다 돌아가라고 명령했다. 이런 고마운 말이 어디 있나! 2만 2,000명은 돌아갔고, 남은 1만 명은 떨면서 물이라도 실컷 마시려고 무릎 꿇고 마셨는데 그들 또한 돌아가라고 했다. 그들 역시 '살았구나, 만세!' 하면서 돌아갔을 것이다.

전쟁터에서 빠져나간 그들은 행운을 얻은 듯 좋아했겠지만 대신 큰 것을 놓쳤다. 이스라엘은 미디안과의 전쟁 후 무려 40년을 평온한 가운데 지내게 되었다. 그러니 그들은 일생에 한 번 있을까 말까 한, 하나님이 함께하시는 기막힌 경험을 놓친 셈이었다. 하나님과의 동역은 귀한 간증거리가 되어 평생 신앙생활의 자원이자 밑천으로 남는다. 지난날 하나님이 어떻게 싸우셨는지를 떠올리면 잠시 흔들리던 신앙이 이내 회복될 수 있다. 그런데 집으로 돌아간 이들은 하나님이 함께하시는 영광스러운 체험의 기회를 놓치고 만 것이다.

그에 반해 끝까지 남은 300명은 기회가 있을 때마다 자녀들을 모아 놓고 하나님이 함께하셨던 경험을 나누며 자신과 자녀들의 신앙을 북돋울 수 있었을 것이다. "그때 도저히 있을 수 없는 일이 일어났어. 우리는 나팔을 불며 항아리를 부수고 '여호와와 기드온의 칼이다'라고 외치기만 했는데, 미디안 군사들이 자기들끼리 싸우는 거야. 이런 싸움은 여태까지 없었어. 오직 하나님이 다 하셨지!" 하면서 말이다.

하나님의 임재 의식을 느끼고 싶을 때는 주로 찬양을 하는데, 하나님의 임재를 경험하려면 하나님을 위해서 일하면 된다. 아주 쉬운 방법이다. 하나님의 일을 할 때 하나님이 함께하신다. 일하는 자가 누리는 영적 복이다. 그러니 일할 기회가 생길 때 절대 물러서지 말고 선봉에 서도록 하라. 그래야 하나님과의 동행을 경험하게 되고, 하나님과 동행하다 보면 더 뜨거워지게 되고, 뜨거워지면 그다음 사역을 할 마음과 능력이 생긴다.

홍해가 갈라져 바닷속 땅을 밟으며 건넌 경험을 한 이스라엘 민족은 뒤쫓던 애굽 군대가 물속에서 멸망하는 모습을 두 눈으로 직접 보았다. 가나안 땅에 들어가려는데 요단강에 가로막혀서 난처할 때 제사장이 발을 내딛자 흐르던 물이 멈추었다. 철옹성 같던 여리고 성벽도 일곱째 날 일곱 번 돌자 무너졌다. 그런 장면을 본 자의 신앙이 떨어지기란 쉽지 않다.

하나님이 함께하심을 체험하면 신앙이 뜨거워지고 활성화된다. 하나님은 눈에 보이지 않는 분이시기에 우리는 중간중간 하나님이 하시는 일을 보아야 한다. 그렇지 않으면 자신도 모르는 사이에 신앙이 조금씩 떨어진다. 따라서 지혜로운 자라면 주님 나라의 확장을 위한 일에 어떻게든지 적극적으로 동참하는 것이 맞다.

필자가 섬기는 교회 성도들은 매년 휴가 때마다 어려운 형편이지만 자비량으로 A국에 선교하러 간다. 그곳에 가서 복음을 전했는데 현지인들이 복음을 듣고 예수님을 영접하는 모습을 보면서 그동안의 모든 어려움을 잊고 기뻐한다. 서툰 언어, 심지어 보디랭귀지로 다가갔지만, 예수님에 대해 들어본 적 없는 외국인 친구가 처음 복음을 듣고 주님을 믿는 모습을 보면서 하나님의 역사를 경험하게 되는 것이다. 어떤 때는 복음을 전하다가 공안에 붙잡혔는데 하나님의 도우심으로 가까스로 빠져나온 적도 있다. 이런 경험이 우리를 강하게 만든다. 앞으로 한국뿐 아니라 아시아와 세계를 향해 영적 전투를 벌일 때 하나님의 함께하심을 더 많이 경험하게 될 것이다.

필자는 대학 캠퍼스에서 20년 동안 사역하며 하나님이 함께하심을 많이 체험했다. 또 교회를 개척하면서 하나님의 도우심을 수없이 경험했다. 안정된 교회에 청빙을 받아 갔더라면 몰랐을 일이었다.

연약함을 제거하다

기드온은 두려움이 많은 사람이었지만 실제 전쟁에 참여하여 승리를 경험했다. 그는 용기가 부족해 미디안 사람 몰래 밀을 포도주 틀에서 타작했고(삿 6:11), 밤에 바알의 제단을 헐고 아세라상을 찍었으며(삿 6:25-27), 하나님이 함께하실지를 거듭 물어본 소심한 선지자였다(삿 6:36-40). 여느 선지자들에게서는 볼 수 없던 연약한 모습을 보였지만 그는 주님이 명하시면 어떻게든지 순종했다. 불가능해 보이는 싸움이지만 하나님이 명령하신 대로 소수의 군인들만 이끌고 전쟁터로 나갔다.

하나님은 그의 연약함을 아시고 전쟁을 시작하기 전에 미디안 진영에 내려가 군사 두 명의 이야기를 듣게 하셨다(삿 7:10, 13-14).

미디안 군사 1 : 내가 한 꿈을 꾸었는데 꿈에 보리떡 한 덩어리가 미디안 진영으로 굴러 들어와 한 장막에 이르러 그것을 쳐서…장막이 쓰러지더라.

미디안 군사 2 : 이는…요아스의 아들 기드온의 칼이라 하나님이 미디안과 그 모든 진영을 그의 손에 넘겨주셨느니라.

미디안 군사 13만 5,000명 중에 두 명이 대화를 나누었다. 한 사람은 꿈에 장막을 무너뜨리는 보리떡이 나타났다고 말했고, 또 다른 사람은 그 꿈이 요아스의 아들 기드온이 자신들을 부수는 꿈이라고 해석했다. 짧은 시간 나눈 잠깐의 대화인데 어떻게 이 순간에 기드온이 들었을까? 더군다나 왜 보리떡을 기드온의 칼이라고 해석했을까? 이것이 바로 하나님이 일하신다는 증거였다.

하나님은 기드온의 마음을 담대하게 하시려고 은혜를 베푸셨다. 이 사건은 양털 이적처럼 기드온이 부탁한 것이 아니었다. 300명을 데리고 13만 5,000명의 미디안 군사를 상대해야 하는 무거운 짐을 진 기드온, 순종해서 싸워보려 하지만 지휘관으로서 굉장히 마음이 무거웠을 기드온에게 하나님은 한 번 더 힘을 보태주셨다. 적군 두 명의 대화를 통해서 말이다. 하나님은 일을 맡기시고, 그 일을 할 수 있도록 상황을 이끌어가신다. 우리도 학교 혹은 직장에서 이렇게 도우시는 하나님의 은혜를 기대해야 한다.

적군을 제거하다

드디어 기드온이 300명을 이끌고 기습 작전을 감행했다. 그런데 전쟁을 하면서 칼 대신 나팔과 빈 항아리를 들고, 그 항아리 안에 횃불을 감추고 나아간다? 굉장히 웃기는 일이다.

'아, 이런 싸움이기 때문에 1만 명이 필요 없었구나!'라는 생각이 든다. 1만 명이 항아리를 들고 간다고 생각해보라. 1만 명이 조금만 움직여도 소리가 나서 기습 공격이 쉽지 않을 것이다. 이런 면에서 300명이 딱 좋다. 그들은 가서 싸우는 것이 아니라 항아리만 부수면 된다. 그러면 미디안 군사들은 자동으로 자기들끼리 칼로 치고 싸운다. 13만 5,000명이 자기들끼리 한 판 붙으면 6만 7,500명이 남을 테고, 또 한 판 붙으면 3만 3,700명 정도 남을 테고, 다시 한 판 붙으면…. 이렇게 해서 1만 5,000명쯤 남는다. 세 판만 붙어도 수가 확 줄어든다. 칼을 쓸 것도 없다.

기드온과 용사들은 칼 대신 나팔과 횃불 든 항아리만 들고 나가는 이 전략으로 450배나 되는 미디안을 물리쳤다. 이렇듯 하나님께는 불가능이 없다. 우리도 앞날을 걱정할 것이 없다. 기드온과 300명의 용사처럼 하나님만 의지하면 된다. 하지만 하나님을 떠나 있다면 문제다. 보통 너무 일찍 성공하거나 너무 일이 잘 풀리면 하나님을 떠나기가 쉽다. 오히려 어려움이 많다가 나중에 문제가 해결되어야 계속 하나님을 의지하게 된다. 인간은 일이 너무 잘 풀리면 하나님으로부터 멀어지기 마련이다.

혹 지금까지 일이 안 풀린 사람이 있다면 하나님의 기이한 은혜인 줄 알고 감사하자. 사업이 부도가 나고 자녀들이 속 좀 썩여야 새벽기도회에 나간다. 당장은 일이 안 풀려서 힘들겠지만 하나님을 의지하기 때문에 솔로몬의 전철을 밟지 않을 수 있다. 하나님을 의지하는 자가 복되다. 그러므로 가능하면 새벽기도가 습관이 되게 하라. 남은 인생, 비가 오나 눈이 오나 새벽기도회에 나간다면 걱정할 것이 없다. 확실한 기도의 사람이 되라! 오르락내리락하는 사람에게는 기대할 것이 없다. '내리락'할 때 넘어질 수 있기 때문이다.

한 가지 명심할 점이 있다. 하나님이 승리를 약속하셨지만, 우리는 최선을 다해야 한다. 아말렉과의 전투에서 모세가 계속 손을 들고 있어야 이길 수 있던 원리와 같다. 믿음과 광신의 경계는 종이 한 장 차이다. 한쪽으로 치우치지 않도록 조심하라.

생계 문제도 마찬가지다. 성경에서는 땀을 흘려 먹으라고 하고, 일하기 싫거든 먹지도 말라고 한다(살후 3:10). 아침 일찍 일어나 열심히 일해서 먹고살아야 한다. 일하지 않고 요행을 바라거나 복권, 투기를 일삼아서는 안 된다. 건강도 그렇다. 하나님이 우리 인생을 책임져주시지만 건강을 위해 운동을 해야 한다. 대인관계도 마찬가지다. 아담이 타락하면서 하나님과 인간의 관계가 단절되었고, 인간과 인간의 관계도 끊어졌다. 따라서 경건을 훈련해야 하듯이 대인관계를 위해서도 노력하고 힘써야 한다. 가만히 있으면 점점 멀어지기 마련이라 자주 연락하며 만나고 서로 돌아보아야 한다. 부부 관계에서 남편은 그리스도의 사랑으로 아내를 사랑하고, 아내는 남편에게 순종해야 한다. 부모는 자녀를 노엽게 하지 말고 주의 교훈과 훈계로 양육해야 하며, 자녀는 부모에게 순종해야 한다. 가정에서 배우자로서, 부모로서, 자녀로서 할 수 있는 만큼 최선을 다하라.

3. 목적을 이루기 위해 참는 자

미디안과의 싸움에서 승리한 후 기드온은 또 다른 어려움을 겪었다. 이스라엘 지파 중에 가장 큰 지파인 에브라임 사람들이 미디안과 싸우러 갈 때 왜 자신들을 부르지 않았느냐고 따진 것이다(삿 8:1). 이에 대해 기드온은 할 얘기가 많았을 텐데 그냥 넘어갔다.

내가 이제 행한 일이 너희가 한 것에 비교되겠느냐(삿 8:2).

에브라임이 더 큰 일을 했다면서 겸손하게 문제를 풀어나갔다. 아직 1만 5,000명의 적군이 남았는데 이런 큰 싸움을 놓고 에브라임과 싸울 필요가 없었다. 더 큰 것을 위해 참고 넘어가는 성숙함이 기드온에게 있었다.

곧이어 기드온은 미디안의 왕들인 세바와 살문나의 뒤를 추격하는 중 숙곳 사람들에게 떡을 달라고 요청했다(삿 8:4-5). 기드온과 300명의 군사들이 미디안을 추격하느라 피곤하고 배가 고팠기 때문이다.

그런데 숙곳 사람들은 그를 무시하며 음식을 주지 않았고, 브누엘 사람들도 마찬가지였다.

숙곳과 브누엘은 다 얍복 강가에 있었는데, 얍복강은 므낫세 지파, 그중에서도 동므낫세 지파가 거주하는 곳이었다. 요단 동쪽에 2.5지파가 정착하고 요단 서편에 9.5지파가 정착했는데, 기드온은 서므낫세 지파에 속했다. 같은 지파인데, 기드온이 적을 쫓다가 피곤하여 떡 좀 달라고 했는데 떡을 주기는커녕 그를 희롱했다(삿 8:15). "네가 그 왕들을 잡기나 하겠느냐?" 하며 비웃은 것이다. 사실 기드온의 군대가 미디안을 물리치면 혜택은 그들에게도 돌아간다. 그러나 기드온은 더 큰 일과 작은 일을 구분하여 당장에 그들과 싸우지 않고 더 큰 일을 위해 참고 지나갔다.

이 일을 통해 깨달아야 할 점이 있다. 주님의 일을 할 때 주위 사람들이 다 우호적일 것이라고 생각하면 오산이다. 오히려 같은 편인 동역자들로부터 멸시와 비난을 받는 상황이 생기기도 한다. 그러므로 주님의 일을 할 때는 오해와 비난을 각오하고, 오직 이 모든 것을 알고 계시는 하나님만 바라보아야 한다.

4. 실수로 에봇을 만든 자

기드온과 함께한 이스라엘은 결국 미디안과의 전쟁에서 승리했다. 이스라엘 사람들이 기드온에게 자기들의 왕이 되어달라고 제안하지만, 그는 하나님이 다스리실 것이라며 거절했다. 기드온은 자신의 헛된 욕심과 백성의 요구를 따라 움직이지 않고 먼저 하나님의 뜻을 생각했다. 다수가 원한다고 해도, 남은 생을 편하게 지낼 수 있다 해도 하나님이 무엇을 기뻐하시는지를 알고 결단했다.

그런 기드온이 막판에 금으로 에봇을 만들어 오브라 성읍에 두는 실수를 범했다. 이것이 기드온의 한계였다. 처음에는 좋은 의도였겠지만 이스라엘이 그 에봇을 음란하게 위함으로 그것이 올무가 되고 말았다.

에봇은 원래 대제사장이 입는 옷으로, 하나님이 정하신 방식대로 금실과 청색, 자색, 홍색 실과 가늘게 꼰 베 실로 정교하게 짜서 만든다(출 28:6). 왕위마저 거절한 기드온이 결국 끝에 가서 엉뚱하게 에봇을 만들어놓는 바람에 이스라엘은 그것을 우상으로 섬기게 되었다. 기드온이 에스라나 느헤미야처럼 말씀을 잘 알았다면 이런 실수를 하지 않았을 것이다. 하나님의 말씀을 제대로 배우지 못해 그는 큰 잘못을 범했다.

다시 한 번 강조하고 싶은 것은 성경 말씀을 잘 알아야 한다는 것이다. 이 땅을 살아가는 우리에게 하나님의 말씀은 필수다. 우리는 말씀을 따라 움직여야 한다. 이 시대에는 다행히 성경이 한글로 번역되어 있다. 우리 손에 주어진 성경을 읽고 연구하면 된다. 혹시 성경 66권을 다 연구하지 않았다면 불안해해야 한다. '내가 성경을 잘 몰라서 하나님의 뜻과 다른 선택을 한 것은 아닐까?' 하고 말이다.

가령 기도할 틈을 얻기 위해서가 아닌 이상 "서로 분방하지 말라"(고전 7:5)라는 말씀을 모르면 부부가 떨어져 지낼 수도 있고, "너희 자녀를 노엽게 하지 말고"(엡 6:4)라는 말씀을 모르면 자녀와의 관계가 틀어질 수도 있다. 말씀의 원칙을 알지 못해서 부부 간에, 부모와 자녀 간에 얼마나 많은 갈등이 일어나는지 모른다. 성경 66권에 삶의 모든 법칙이 기록되어 있다. 성경은 우리 삶을 인도하는 하나님의 말씀이다.

주의 말씀은 내 발에 등이요 내 길에 빛이니이다(시 119:105).

성경을 아는 만큼 제대로 살 수 있다. 그렇기 때문에 마음을 다잡고 성경 연구에 박차를 가해야 한다. 기드온이 잘하다가 쓸데없이 에봇을 만든 것처럼, 우리도 잘하다가 하나님이 보시기에 엉뚱한 실수를 할 가능성이 있다. 성경을 열심히 연구하면서 말씀에 대한 깨달음을 가지고 살 때 비로소 주님이 보시기에 합당한 삶을 살 수 있다.

힘은 있지만
사명을 잃은 자의 고단함
『삼손』

우리는 삼손을 반면교사로 삼아야 한다.
떠나야 할 것을 떠나지 않으면
함께하시던 하나님이 떠나시는 때가 온다.
하나님이 주신 힘과 기회를 제대로 사용하지 않으면
하나님이 도로 거두어가신다.

1. 사사로서의 책임 인식

 기드온 이후 몇몇 사사를 거친 이스라엘은 다시 악을 행했고, 하나님은 그런 이스라엘을 40년 동안 블레셋의 손에 넘겨 괴롭게 하셨다. 이런 상황에서 여호와의 사자가 단 지파 마노아에게 나타나 아들을 낳을 것이라고 예언했다. 그 아들은 하나님께 바쳐진 나실인으로서 장차 이스라엘을 블레셋의 손에서 구원할 것이라는 예언이었다 (삿 13:5). 그 아들이 바로 천하무적 삼손이다.
 삼손이 딤나에 다녀오더니 그곳 블레셋의 여자를 아내로 삼겠다고 했다. 부모는 이방 여인이라고 반대했으나 삼손은 그 여자와 결혼하겠다고 고집을 부렸다. 왜 그랬을까? 당시 이스라엘은 블레셋의 압제 아래 고통을 당하고 있었는데, 삼손이 틈을 타서 블레셋 사람들을 공격하려 했던 것이다.

수수께끼로 도전

결혼을 위해 부모와 함께 딤나로 내려간 삼손은 포도원 근처에서 젊은 사자를 만나자 맨손으로 사자를 찢어버렸다(삿 14:5-6). 삼손이 얼마나 힘이 센 장사인지 알 수 있는 대목이다. 그리고 삼손은 블레셋 여인과의 결혼 잔치 중 블레셋 청년 30명에게 수수께끼를 냈다. 수수께끼를 맞히면 삼손이 그들에게 겉옷과 베옷 각 30벌을 주고, 못 맞히면 대신 그들이 삼손에게 각 30벌을 주어야 하는 내기였다.

수수께끼의 내용은 "먹는 자에게서 먹는 것이 나오고 강한 자에게서 단 것이 나왔다"였다. 누가 이 문제를 맞힐 수 있겠는가. 이는 삼손이 딤나의 포도원 근처에서 쳐죽인 사자의 주검에 있던 벌 떼와 꿀을 보고서 낸 문제였기 때문이다.

아무리 궁리해도 답을 못 찾자 블레셋 사람들은 삼손의 아내를 찾아가 협박하면서 답을 얻어내려고 했다. 이에 삼손의 아내는 잔치하는 7일 동안 필사적으로 울며 삼손에게 답을 알려달라고 졸라댔다. 견디다 못한 삼손은 일곱째 날 아내에게 답을 알려줬고, 아내는 바로 자기 백성들에게 가서 고했다.

성읍 사람들이 삼손에게 이르되 무엇이 꿀보다 달겠으며 무엇이 사자보다 강하겠느냐 한지라(삿 14:18).

블레셋 사람들이 내기에 지면 그것을 빌미로 뭔가 공격을 시도하려고 했던 삼손은 오히려 지고 말았다. 내기에 진 삼손은 블레셋의 도시 아스글론에 가서 30명을 쳐죽이고 옷을 빼앗아 그들에게 주었다. 정말 명분 없이 저지른 일이었다. 그러고는 너무 화가 나서 아내를 팽개쳐두고 혼자 고향으로 돌아갔다.

얼마 후 삼손이 다시 아내를 찾아갔는데, 자기가 없는 사이에 장인이 아내를 다른 사람에게 시집보냈다. 분노한 삼손은 여우 300마리를 붙들어서 꼬리와 꼬리를 매고 그 사이에 홰를 달아 불을 붙인 후 블레셋 사람들의 밭으로 보내 곡식 단과 곡식과 포도원과 감람나무들을 태워버렸다. 이에 블레셋 사람들은 화가 나서 삼손의 아내와 장인을 불태웠다. 그러자 삼손은 많은 블레셋 사람을 죽여 원수를 되갚았다.

힘은 있으나 지혜는 없음

일이 점점 커지자 블레셋 사람들이 몰려와 유다를 공격했다(삿 15:9). 블레셋의 지배 아래 있던 유다 사람들은 아예 싸울 생각도 못하고 삼손을 결박하여 넘겨주었다.

삼손이 지혜로워 보이진 않지만 그에게는 대단한 열정이 있었다. 삼손은 결박당해 넘겨졌지만 여호와의 영이 임하시니 밧줄이 불탄 삼같이 떨어져 나갔고 나귀 턱뼈로 블레셋 사람 1,000명을 죽였다. 나중에 하나님이 샘을 터서 목마른 삼손을 살려주시는 것을 보면, 하나님이 삼손과 함께하셨다는 사실을 알 수 있다.

삼손은 당시 자신이 사사라는 자각은 하고 있었던 것 같다. 다만 지혜는 별로 없어서 하는 일이 어설펐다. 하지만 나름대로 이스라엘을 블레셋으로부터 구원하겠다는 사명감만큼은 투철해 보인다. 방식은 엉성해도 삼손에게 그런 마음이 있었다는 사실이 중요하다. 하나님은 그 마음을 보시고 이스라엘 유다 땅에 복을 주셨다. 비록 사사로서의 삼손이 일을 잘 처리하지는 못했어도 이때가 삼손의 전성기였다. 하나님 앞에서 막힘이 없었고 범죄하지 않던 때다. 이렇게 삼손은 20년 동안 이스라엘 사사로 지냈다(삿 15:20).

아무리 좋은 음식을 먹고 좋은 집에 살아도, 범죄해서 하나님과의 관계가 깨어지면 다 소용없다. 세상의 기준으로 잘나가봤자 기쁨도 없고 소망도 없다. 그보다는 심령의 낙을 누리는 것이 최고다. 그런데 어떻게 해야 심령의 낙을 누릴 수 있을까? 하나님과의 관계가 긴밀하면 된다. 가만히 보면 죄짓고 회개하지 않아서 주님의 일을 못하는 사람들이 꽤 있다. 물론 그런 성도는 자격 미달이다. 그러나 자신이 적어도 그런 면에서 거리낌이 없다면 미숙해도 괜찮으니 주님의 일을 하라.

'나는 전도를 잘 못하는데 A국까지 가서 선교를 할 수 있을까?' 이런 생각을 가진 사람이 있다면 주저하지 말고 그냥 가라고 말해주고 싶다. 기회가 주어질 때 일하라. 깨끗하기만 하면 하나님이 사용하신다. 주님 편에서 일할 때, 그때가 가장 복된 시간이다.

2. 사사로서의 책임 망각

힘의 남용

블레셋을 물리친 삼손은 당시 유다 족속의 영웅이었다. 그 누구도 천하장사 삼손을 이길 수 없었다. 삼손은 세상에 두려울 것이 하나도 없었다. 블레셋 사람들도 그 앞에서 쩔쩔맸다. 그야말로 천하무적이었다. 그런데 어떤 이유에서인지 삼손은 블레셋의 도시 가사로 가서 기생집에 들어갔다. 성적으로 타락한, 생의 어두운 시기였다. 이스라엘과 블레셋은 적대 관계인데 삼손이 적국에 들어간 이유가 무엇일까?

삼손이 왔다는 소식이 알려지자 가사 사람들은 그를 죽이려고 밤새 성문에 매복했다. 이를 눈치챈 삼손은 누워 있다가 밤중에 일어나 성문짝들과 두 문설주, 문빗장을 빼어 어깨에 메고 헤브론 앞산 꼭대기로 갔다. 왜 그것들을 빼 들고 산을 올랐을까?

블레셋 사람들이 포위했으니 그들을 상대해야 하는데 정작 삼손은 싸울 생각이 없어 보인다. 시간과 에너지를 기생에게 쓰고, 불필요하게 성 문짝과 문설주와 문빗장을 빼서 산꼭대기까지 운반하는 데 힘을 사용했다. 이때가 삼손에게는 위기의 순간이었다. 그동안 거칠 것이 없던 탓에 그 마음이 높아져 있었기 때문이다. 일반적으로 사람은 막힘이 없을 때 자기도 모르게 교만해질 수 있다.

삼손은 이스라엘이 볼 때 최고의 용사였다. 사사지만 이전의 기드온 같은 지도자와는 사뭇 달랐다. 기드온은 위축되어 있었고, 힘이 없었고, 두려워했다. 그에 비해 삼손은 힘이 넘치는 사람이었다. 전에는 그 힘으로 어설프게나마 하나님의 일을 해보겠다고 용기 있게 나섰지만, 안타깝게도 그는 점점 타락해갔다. 블레셋 사람과 싸우겠다는 의지는 없으면서 괜히 제 발로 적국을 찾아 기생집에나 들어가는 사람이 되었다. 그가 하나님이 주신 힘을 제대로 썼다면 자기 민족을 구원할 뿐만 아니라 주변 나라들을 다 평정하고 열방에 하나님의 영광을 드러냈을 텐데 말이다.

삼손은 기생집에 들어갈 정도로 타락했지만 힘은 여전히 장사였다. 이 점이 참 묘하다. 하나님은 주신 것을 거두실 때가 있지만 당장 거두지는 않으신다. 사울왕의 경우를 보면, 비록 그가 다윗을 시기해서 죽이려고 쫓아다니는 죄를 범했지만, 하나님은 그의 왕좌를 한동안 그대로 유지시키셨다. 그러나 다윗을 쫓아다닐 때의 사울에게는 전혀 빛이 없었다. 왕으로서의 부귀와 영화, 권세를 누렸지만 아무 의미가 없는 삶이었다.

신앙생활을 잘 못해도 부자가 될 수 있다. 공부를 잘해 명문대에 가고, 순탄하게 취직하고, 남들의 부러움 속에 결혼할 수 있다. 그러나 이런 외적인 조건을 하나님이 나를 인정하시고 복을 주시는 바로미터로 삼아서는 안 된다. 잘 풀려 승승장구한다고 해서 하나님이 나를 인정하시는 것은 아니다. 미지근하게 신앙생활을 하는데도 일이 잘 풀린다? 오히려 내버려두심이다. 세상적으로는 잘나가지만 빛은 안 난다. 지금 삼손이 딱 그 모양이다. 하나님께 사용되지 않는 천하장사!

하나님은 삼손에게 힘을 주셨다. 솔로몬에게는 지혜를 주셨다. 그렇다면 나에게는 어떤 은사를 주셨을까? 내게 주신 은사, 재물, 재능, 건강을 나는 잘 사용하고 있을까? 만약 그렇지 않다면 나도 힘은 있지만 무의미하게 살아가고 있는 삼손과 다름없다. 건강하니까 밤늦게까지 술을 마시거나, 게임을 하거나, 드라마를 본다. 재물을 주셨으니 차를 바꾸고, 집을 넓히고, 늘 자기만을 위해 사용한다. 그렇다면 잘못 살고 있는 중이다.

우리는 하나님이 주신 건강, 재능, 재물을 성경 연구와 전도, 어린 자를 돌보는 일, 구제와 선교, 선한 일에 사용해야 한다. 하나님께 힘을 받았지만 주님의 선한 일이 아닌 자기 쾌락에 그 은사를 사용한 삼손은 그 삶에 아무런 감동도, 빛도 없었음을 기억하라.

유혹에 굴복

삼손은 이후에 이방 여인 들릴라를 사랑하게 되었다. 이는 부모의 책망을 들으면서까지 블레셋 여인과 결혼하려던 때와는 전혀 다른 모습이다. 그때는 틈을 타서 블레셋을 공격하기 위해 어떻게든 싸울 계기를 만들려는 의도가 있었지만 지금은 그렇지 않다. 그냥 이방 여인 들릴라를 사랑한 것뿐이다.

블레셋 방백들은 삼손의 힘의 근원을 찾아내서 그를 결박하기 위해 들릴라를 매수했다(삿 16:5).

> 어떻게 하면 능히 당신을 결박하여 굴복하게 할 수 있을는지 내게 말하라(삿 16:6).

단도직입적으로 물어보는 들릴라를 보며 삼손은 정신을 차려야 하지 않았을까? '이 여자가 왜 나를 결박하려고 하지? 내가 지금 블레셋 한가운데 있는데 블레셋 여인이 나를 결박하면 큰일 나는 게 아닌가!' 했어야 했다. 그런데 하나님 앞에서 잘못 살기 시작한 삼손은 좌우 분간이 안 되는 듯했다. 아니면 그런 것쯤은 개의치 않을 만큼 자신감이 있었던 것일까?

> 만일 마르지 아니한 새 활줄 일곱으로 나를 결박하면 내가 약해져서 다른 사람과 같으리라(삿 16:7).

들릴라가 새 활줄 일곱으로 삼손을 결박한 후 블레셋 사람들이 들이닥쳤다고 말하자 삼손은 그 줄들을 불탄 삼실을 끊듯이 끊어버렸다. 그리고 나서도 계속 졸라대는 들릴라의 성화에 삼손은 자신을 꼼짝 못하게 결박할 수 있는 방법이 새 밧줄로 결박하는 것이라고 했다가, 다시 머리털 일곱 가닥을 베틀의 날실에 섞어 짜면 된다고 둘러대기도 했다. 여인에게 빠진 삼손은 눈이 어두워져 들릴라의 계교를 알아차리지 못했다.

여하튼 삼손은 자기 힘의 비밀을 놓고 장난을 치면서 여인의 집에서 잠까지 잤다. 정말 어리석기 이를 데 없는 모습이다. 자기를 파멸시키고 죽이려는 여인이 옆에 있는데 그 여인을 믿고 잠을 자다니…. 그것은 망하는 지름길이었다. 하나님이 사사로서 이스라엘을 지키고 보호하라고 그에게 힘을 주셨는데, 그러다 덜컥 죽기라도 하면 어쩌란 말인가! 그렇게 되면 삼손만 망하는 것이 아니라 이스라엘 전체가 위태롭게 되고 다시 블레셋의 다스림을 받아야 할지도 모르는데 말이다.

만약 우리가 삼손과 대화할 수 있다면 "너 빨리 나와! 큰일 나! 이스라엘 민족의 운명이 너 한 사람한테 달려 있는데, 뭐 하고 있는 거야!" 하면서 끌고 나왔을 것이다. 그런데 그는 끝내 어떻게 했는가? 여인의 집요한 공세에 못 이겨 나실인으로서 머리에 삭도를 대면 일반인과 똑같아진다는, 적들이 알면 큰일 날 비밀을 스스로 털어놓았다.

삼손은 자신의 약한 부분이 무엇인지 알고 주의했어야 했다. 이전에 블레셋 여인과 결혼했을 때도 아내가 수수께끼를 알려달라고 졸라대자 결국 답을 하지 않았던가. 자기가 그런 성격인 줄 알았다면 들릴라가 처음 물어봤을 때 바로 도망쳐야 했다.

> 날마다 그 말로 그를 재촉하여 조르매 삼손의 마음이 번뇌하여 죽을 지경이라(삿 16:16).

이 정도면 무조건 도망쳐야 하는데 삼손은 버티고 있었다. 결국 들릴라가 사람을 불러 머리털 일곱 가닥을 밀었고, 힘이 없어진 삼손은 블레셋 사람들에게 붙잡히고 말았다.

　삼손의 위태로운 모습을 보면서 나도 '아차!' 하는 순간, 넘어질 수 있는 상황은 아닌지 살펴보라. 마귀는 주위 사람이나 환경을 통해서 나를 쓰러뜨리려 한다. 유혹이나 시험이 자꾸 나를 괴롭히고 있다면 무조건 도망쳐 나와야 한다. 더 있다가는 삼손처럼 된다.

삼손이 잠을 깨며 이르기를 내가 전과 같이 나가서 몸을 떨치리라 하였으나 여호와께서 이미 자기를 떠나신 줄을 깨닫지 못하였더라 (삿 16:20).

　참 슬픈 구절이다. 이제는 삼손도 약하디 약한 사람 중의 하나일 뿐인데 그것도 모른 채 "내가 전과 같이 나가서 몸을 떨치리라!"라고 말했다. 그러나 일어난들 무엇하랴. 하나님이 떠나신 삼손은 이제 아무 힘도 없는 나약한 존재였다.

　블레셋 사람들은 삼손을 붙잡아 순식간에 그의 두 눈을 뽑아버렸다. 삼손의 생에 비참한 순간이 찾아왔다. 그는 놋 줄에 매인 채 옥에서 맷돌을 돌리고 있었다. 이전 같으면 놋 줄 따위는 단숨에 끊어냈을 텐데 이제는 그럴 힘이 없었다. 맷돌도 끙끙대며 돌리는 비참한 치지였다. 떠나야 할 여인을 떠나지 못함으로, 결국 떠나면 안 되는 하나님을 떠나고 말았다.

　여인에게 빠져 있던 삼손의 눈은 블레셋에 수탈되었다. 잘못 사용된 삼손의 힘은 원수의 맷돌을 가는 데 사용되었고 가사, 아스글론 어디나 돌아다닐 수 있었던 삼손의 몸은 결박당해 좁은 옥에 갇혔다. 블레셋과 싸우지 않던 그는 이제부터 블레셋 사람들을 위해 살아야 했다. 그들의 화풀이 대상이 되어 그들을 즐겁게 하고 그들의 신을 높이는 일을 해야만 했다.

우리는 삼손을 반면교사로 삼아야 한다. 떠나야 할 것을 떠나지 않으면 함께하시던 하나님이 떠나시는 때가 온다. 하나님이 주신 힘과 기회를 제대로 사용하지 않으면 하나님이 도로 거두어가신다(마 25:29). 두 눈이 뽑힌 채 맷돌을 돌리는 삼손의 모습을 보면서, 하나님이 우리에게 주신 은사를 기회 주실 때 주님을 위해 사용하기로 다짐해야 한다. 재능과 시간, 물질과 에너지를 엉뚱하게 사용하거나 잘못 쓰면 하나님이 거두어가실 수 있기 때문이다.

하나님이 우리에게 늘 기회를 주시는 것이 아니다. '하나님이 건강을 주실 때 주님을 위해 일할 걸…. 세상적으로 성공해보겠다고 실컷 일만 하다가 병들어 몸도 제대로 못 가누는 사람이 됐구나' 하고 후회할 일을 만들지 말자.

어릴 적 필자와 함께 교회를 다니던 친구가 그랬다. 세상에서 열심히 산 덕에 회사 사장은 되었지만, 그 부와 명예를 주님을 위해 쓰지 않고 술 마시는 데 허비하다 암에 걸렸다. 그리고 주님을 위해 어떤 열매도 맺지 못한 채 생을 마쳤다. 이처럼 허탄한 생을 보내지 말고 하나님이 기회를 주실 때 주님을 위해 헌신하자.

3. 사사로서의 책임 이행

삼손은 이렇게 맷돌만 돌리다가 생을 마쳤을까? 아니다. 한 번의 반전이 주어졌다. 블레셋 사람들은 다곤 신이 삼손을 넘겨주었다고 좋아하면서 감옥에서 삼손을 불러내어 재주를 부리게 했다. 블레셋 방백들과 3,000명가량의 남녀가 모여 있는 집 기둥 사이에 세워진 삼손은 자기 손을 붙든 소년에게 기둥을 의지하게 해달라는 부탁을 한 후 하나님께 부르짖었다.

주 여호와여 구하옵나니 나를 생각하옵소서 하나님이여 구하옵나니 이번만 나를 강하게 하사 나의 두 눈을 뺀 블레셋 사람에게 원수를 단번에 갚게 하옵소서(삿 16:28).

옥에서 맷돌을 돌리면서, 블레셋 사람들 앞에서 재주를 부리면서 삼손은 어떤 생각을 했을까? '사사로서 마땅히 이스라엘을 지켜야 했건만, 어쩌다가 마음이 높아져서 적국 한가운데서 여인에게 정신이 팔렸던가? 어쩌자고 비밀까지 다 털어놓고 노예가 되었단 말인가?' 하지 않았을까? 자기가 한 행동이 너무 어처구니가 없었을 것이다.

두 눈이 뽑히고 원수들에게 조롱당하는 비참한 신세가 된 삼손, 맨손으로 사자를 찢고 나귀 턱뼈로 원수 1,000명을 죽이던 위세는 온데간데없고 원수들 앞에서 재롱이나 부리는 광대로 전락한 삼손, 그는 인간으로서 견디기 힘든 육체적 고통과 수치를 동시에 겪었다. 무적의 용사였던 그가 가장 초라한 자로 전락해버렸다. 이렇게까지 비참해지기도 쉽지 않을 것이다.

그러나 생의 마지막 순간, 삼손은 지난날의 허물을 뒤로하고 오직 한 가지를 하나님께 간구했다. 블레셋에 원수를 갚기 위해 한 번만 더 힘을 달라고 부르짖었다. 물론 이 기도를 드리기 전, 옥에 있을 때 삼손의 머리털이 다시 자라기 시작했다. 그러나 머리털이 자란다고 저절로 힘이 생기는 것이 아니다. 하나님이 은혜를 주셔야 힘이 생긴다.

만약 하나님이 이번에 삼손의 간구를 들어주지 않으시면 그는 계속 재주를 부려야 하고, 다시 감옥에 들어가 맷돌을 돌려야 했다. 평생 앞을 못 보는 어둠 가운데서 어리석은 지난날을 후회하며 슬픔과 비참함에 빠진 채 조롱거리로 살 수밖에 없었다. 이것은 살아도 사는 것이 아니다. 눈도 다 뽑히고 힘도 없는 삶, 더 살아서 무엇 하나? 삼손은 블레셋에 원수를 갚으면서 그들과 함께 죽기를 원했다(삿 16:30).

이때 하나님이 그 비천한 삼손의 처절하게 울부짖는 기도에 응답해 주셨다. 삼손이 집을 버티고 있는 두 기둥의 하나는 왼손으로, 하나는 오른손으로 감싸고 힘을 다하여 몸을 굽히자 집이 무너져 그 안에 있던 방백들과 백성들이 다 죽은 것이다. 성경에는 이 장면에 대해, 삼손이 죽을 때에 죽인 자가 살았을 때에 죽인 자보다 더욱 많았다고 기록되어 있다(삿 16:30).

삼손은 최후에 장렬한 죽음을 택함으로써 그동안의 모든 잘못을 인정하고 하나님 앞에서 사사로서의 마지막 역할을 감당했다. 하나님은 삼손이 더 이상 원수들에게 조롱거리가 되지 않도록 다시 힘을 주셨다. 그가 원수를 갚고 사사답게 생을 마무리할 수 있도록 두 번째 기회를 주신 것이다. 이것이 하나님의 긍휼이다.

한때 중소기업 사장이었던 사람이 도박에 빠져 회사도 잃고, 가족도 떠나고, 술이나 마시며 노숙인으로 살다가 회심한 이야기를 들은 적이 있다. 이런 극한 상황까지는 아니더라도, 혹시 남이 알지 못하는 부끄러운 과거, 잘못 살았던 이전 삶 때문에 홀로 힘들어하는 사람이 있는가? 실패자 삼손에게도 다시 기회를 주신 하나님께 기도하며 나아가라! 삼손처럼 간절하고 갈급한 마음으로 나아갈 때 들어주시는 하나님이심을 기억하며 이렇게 기도해보라!

"하나님, 나 같은 것도 받아주십시오. 과거에 그렇게 살았어도, 그래서 여태껏 이렇게 힘없이 살아왔지만 이제라도 한 번 더 기회를 주십시오. 주님이 주신 시간도, 재산도 다 허투루 썼지만 한 번만 더 기회를 주십시오. 마지막으로 주신 사명을 잘 감당하고 마지막 날 주님을 뵙겠습니다."

삼손은 최후에 장렬한 죽음을 택함으로써
그동안의 모든 잘못을 인정하고 하나님 앞에서
사사로서의 마지막 역할을 감당했다.
하나님은 삼손이 더 이상 원수들에게
조롱거리가 되지 않도록 다시 힘을 주셨다.
그가 원수를 갚고 사사답게 생을 마무리할 수 있도록
두 번째 기회를 주신 것이다.
이것이 하나님의 긍휼이다.

03

미처 모르고 선택한
복의 길
『룻』

하나님은 아무런 대책이나 희망이 보이지 않는데도
믿음으로 하나님 품 안에 뛰어든
이 가련한 여인을 그냥 놔두지 않으셨다.
하나님을 온전히 의지한 룻에게 마음껏 복을 허락하셨다.

1. 결단하는 여인

이스라엘 땅에 기근이 들자 나오미는 남편을 따라 모압 지방으로 옮겨갔다. 하지만 그곳에서 그녀는 남편과 두 아들을 차례로 다 잃고, 자신처럼 과부가 된 두 이방 며느리와 함께 남겨졌다. 그즈음 본국에 양식이 있다는 소식이 들려왔고, 나오미는 두 며느리를 친정으로 돌려보내고 혼자 이스라엘로 돌아갈 결심을 했다.

며느리 오르바는 시어머니의 말대로 친정으로 돌아갔으나 며느리 룻은 시어머니를 따라 이스라엘로 가겠다고 말했다. 나오미가 아무리 설득해도 소용없었다. 사실 남편이 죽었는데 굳이 시어머니를 따라 이국 땅까지 갈 이유는 없었다. 룻의 입장에서는 오르바처럼 고향 모압에 남아 재혼을 하는 것이 여러모로 나을 수 있었다. 과부의 몸으로 혼자 먹고살기도 힘든데 가난한 시어머니까지 부양하는 고생을 사서 할 필요가 있겠는가. 그런데 그녀는 시어머니를 따라 이스라엘로 가겠다고 마음을 굳혔다.

물론 룻이 정이 많아서 남편에, 자식들까지 먼저 보낸 시어머니를 동정해 그런 결정을 했다고 볼 수도 있다. 그러나 그 기저에는 신앙의 선택이라는 중요한 결단이 깔려 있다. 룻이 모압 땅에 남는다는 것은 모압의 신을 섬기겠다는 것이고, 이스라엘로 간다는 것은 곧 여호와 하나님을 섬기겠다는 것이기 때문이다.

> 어머니의 백성이 나의 백성이 되고 어머니의 하나님이 나의 하나님이 되시리니(룻 1:16).

이것이 룻의 신앙고백이다. 룻은 시어머니를 따를 뿐 아니라 시어머니가 모시는 하나님을 섬기겠다고 고백했다. 결혼해서 10년여 살면서 남편이나 시부모를 통해 신앙의 영향을 받은 것인지 모르겠으나, 룻에게는 하나님에 대한 확실한 신앙이 있었다.

> 만일 내가 죽는 일 외에 어머니를 떠나면 여호와께서 내게 벌을 내리시고 더 내리시기를 원하나이다(룻 1:17).

이는 이방인이 할 수 있는 말이 아니다. 룻은 일생 시어머니뿐 아니라 하나님을 따르기로 결정했다. 남편뿐 아니라 아들 둘마저 죽은 시어머니를 보면서 오히려 '하나님이 계시다면 왜 이런 고난이 있는가? 난 그런 하나님 안 믿어!'라고 할 법도 한데, 놀랍게도 룻은 이를 극복한 신앙을 가졌다. '어머니가 믿는 하나님, 나도 믿고 이스라엘로 가겠다'라는 룻의 결정은 분명 하나님의 복을 받게 한 신앙적 결단이었다.

그 결과 어떻게 되었나? 하나님은 아무런 대책이나 희망이 보이지 않는데도 믿음으로 하나님 품 안에 뛰어든 이 가련한 여인을 그냥 놔두지 않으셨다. 하나님을 온전히 의지한 룻에게 마음껏 복을 허락하셨다.

룻이 받은 복을 살펴보면 크게 3가지 정도다.

첫째, 과부로 살아갈 길이 막막했는데, 결국에는 이스라엘 땅에서 보아스라는 유력자 남편을 만나 가정을 이루었다.

둘째, 이스라엘에 귀속되는 것을 뛰어넘어 영적으로 메시아 가문에 편입되었다. 룻은 보아스와 결혼해 오벳을 낳았는데, 오벳은 바로 이새의 아버지, 즉 다윗의 할아버지다(룻 4:17). 이방인으로서 구원의 반열뿐 아니라 메시아의 족보에까지 들어가는 매우 특별한 복을 받았다.

셋째, 룻은 자기 이름으로 기록된 성경책, 룻기를 남기게 되었다. 이 얼마나 영광스러운 일인가! 66권 성경이 전파되는 곳마다 자기 이름으로 기록된 성경이 전해지는 복! 생에 이런 복이 어디 있는가.

우리 인생에도 이렇게 중요한 선택의 순간들이 있다. 학업, 군대, 회사, 결혼, 교회 등 인생에서 굵직굵직한 결정을 해야 할 때가 있는데, 그때 기준은 바로 신앙이어야 한다.

일단 결혼 문제에 있어서 그리스도인이 불신자와 결혼하는 것은 신앙적 결정이 아니다. '한 해, 두 해 나이는 먹어가고 믿음의 형제들은 별로 없으니까 신실한 불신자라도 좋다?'라고 한다면, 그것은 상황적 타협이다. "결혼해서 전도하면 됩니다"라고 말하기는 쉽다. 우리는 어떤 중요한 문제를 결정할 때 '이 일을 통해 하나님을 더 잘 섬길 수 있는가? 하나님을 기쁘시게 할 수 있는가?'를 살펴야 한다. 신앙의 진보는커녕 오히려 신앙을 떨어뜨릴 수 있는 그런 결혼, 그런 결정은 하면 안 된다. 내 신앙을 떨어뜨리는 것은 무엇이든 피해야 한다. 당장에 소망이 없어 보인다 할지라도 하나님을 잘 섬기는 방향으로 신앙적 결단을 해야 한다.

지금 룻은 아무 대책도 없고 어떤 보상도 바랄 수 없는 길을 가려고 한다. 가련한 시어머니 옆에 있는 그녀도 사실 가련하고 비참하다. 이런 상황에서 어쩌면 이렇게 순전한 믿음의 행진을 할 수 있는지! 상황보다 믿음을 앞세운 결단이다.

우리도 이런 신앙을 가져야 한다. 이방 여인도 이 같은 믿음의 결단을 했는데, 믿은 지 5년도 넘은 그리스도인이 상황에 따라 신앙을 타협하는 것은 부끄러운 일이다. 주님의 뜻이 분명하다면 단호하게 결단하라. 당장에는 손해 보는 것 같지만 결코 그렇지 않다.

이전에 영국 옥스퍼드한인교회에서 만난 한 집사님은 당시 레스토랑을 운영하면서 돈을 많이 벌었다. 그런데 밤낮 레스토랑 운영에만 매달리다 보니 말씀과 기도 생활도 잘 못하고 전도할 시간도 없었다. 그 집사님은 뜻을 정하여 샌드위치 판매로 업종을 바꿨다. 수입은 이전에 비해 훨씬 줄었지만, 아침 일찍 샌드위치를 팔고 나면 시간을 많이 확보할 수 있었다. 남은 시간에 옥스퍼드대학교 학생들을 전도하고 그들을 집으로 초대해 섬겼다.

이것이 바로 상황이 아닌 신앙에 따른 결단이다. 이 세상 그 누구보다 하나님께 잘 보이는 것이 최고다. 내 인생을 이끄시는 하나님을 의지하여 결단했다면 나머지 문제는 두려워할 이유가 전혀 없다.

한편 세상적 관점에서 보자면 나오미는 정말 박복한 여인이다. 이미 남편을 앞세웠는데 아들 둘마저 죽었다. 자기도 과부인데 두 며느리까지 과부가 되었다. 기구한 처지에 말문이 막힌다. 이제 나오미는 며느리들에게 재가할 기회를 주고 혼자만 고향으로 돌아가려고 한다. 이렇게 슬픈 인생이 또 어디 있으랴!

그러나 따지고 보면 나오미의 생만 비참한 게 아니다. 실낙원에 사는 이 세상 사람들은 누구나 예상치 못한 고통을 겪는다. 태풍, 홍수, 지진, 질병, 교통사고, 기아로 많은 사람이 죽어간다. 전 세계적으로 하루에 1,000원 미만으로 사는 사람이 10억 명가량이나 된다. 이것이 우리가 사는 이 땅의 현실이다. 이곳은 낙원이 아니라 타락 이후의 실낙원이기 때문에 고통과 재앙이 많다. 그러므로 우리에게 몰려오는 고통, 재앙에 대해 너무 한탄하지 말라. 이는 주님 나라에 들어갈 때까지 그리스도인이 통과해야 할 터널이다. 캄캄할수록, 힘들수록 더욱 주님만 바라볼 뿐이다.

2. 배려하는 여인

나오미와 룻은 대안 없는 사람끼리 만나 서로를 잘 배려했다. 아들 없이 나이 든 시어머니라면 며느리를 의지해 살려는 마음이 생길 것도 같다. 그러나 나오미는 며느리들의 앞날을 배려하면서 그들을 친정으로 돌려보내려 했다. 그런데 룻은 기꺼이 시어머니를 배려해 끝까지 따라가 돌보겠다고 했다. 사실 룻은 자기 앞날을 생각하면 오르바처럼 시어머니와 작별하고 고향으로 가는 게 맞다.

이렇게 둘 다 서로를 배려하는 모습이 아름답다. 주님은 "주는 것이 받는 것보다 복이 있다"(행 20:35)고 말씀하셨다. 다른 사람을 위해서 기꺼이 자신을 내려놓고 배려하는 모습, 이것이 바로 주님이 우리에게 보여주신 십자가의 길이다.

이스라엘로 돌아간 룻은 나오미의 허락을 받고 이삭을 주우러 나갔는데, 우연히 보아스의 밭에 다다랐다. 시아버지의 친족으로 유력한 자인 보아스는 하루 종일 이삭을 줍고 있는 여인이 나오미의 며느리 룻이라는 얘기를 듣고 은혜를 베풀었다.

내 딸아 들으라 이삭을 주우러 다른 밭으로 가지 말며 여기서 떠나지 말고 나의 소녀들과 함께 있으라…목이 마르거든 그릇에 가서 소년들이 길어 온 것을 마실지니라(룻 2:8-9).

보아스는 "이방 여인에게 어찌 은혜를 베풀며 돌보시나이까?"라고 묻는 룻에게, 그녀의 모든 선행을 하나님이 보답해주시기를 기원했다. 보아스야말로 배려의 전문가다. 그는 어려운 처지에 있는 룻을 격려하며 자기 밭에서 이삭을 줍도록 허락했고, 목마르면 물도 마시라고 했다. 식사 때는 룻에게 떡을 주며 볶은 곡식도 배불리 먹게 했다. 또 소년들에게 곡식 다발에서 조금씩 뽑아 버려서 룻이 이삭을 줍게 하고 꾸짖지 말라는 당부도 해놓았다(룻 2:14-16).

룻이 보아스의 밭에서 이삭을 줍게 된 것을 알게 된 나오미는 룻에게 보아스가 친족임을 알려주었다. 룻의 앞날을 생각한 나오미는 어느 날 밤, 룻을 타작마당으로 보냈다. 룻은 시어머니에게 순종하여 밤중에 보아스를 만나 그가 기업 무를 자임을 밝혔다. 이 말을 들은 보아스는 자신보다 더 가까운 친족이 있기 때문에 이를 위한 절차를 밟겠다고 약속한 후 룻을 돌려보냈다. 이때도 그냥 보내지 않고 보리를 넉넉히 주어서 시어머니에게 가져가게 했다(룻 3:17).

다음 날 성문에 나간 보아스는 더 가까운 친족을 만나 기업을 무르라고 권했다. 그가 처음에는 받아들이려다가 자기 기업에 손해가 될까봐 거절하자, 보아스는 자신이 기꺼이 기업을 무르겠다고 했다.

여기 나오는 나오미, 룻, 보아스, 3명은 서로가 서로를 잘 배려하고 있다. 우리는 원래 죄성을 갖고 태어나서 배려를 받으려고만 하지 상대방을 잘 배려하지는 않는다. 그러나 주님 안에서 거듭난 그리스도인은 남을 배려하는 데 전문가가 되어야 한다. 나 같은 자를 믿고 일생을 건 아내, 나를 책임지려고 애쓰는 남편, 나를 믿고 태어난 아이들, 나를 자녀로 둔 부모는 행복한가? 나를 만난 목사나 나를 만난 교인은 행복한가? 격려하고 배려하는 것은 결코 쉽지 않지만 이왕 배려할 바에는 잘해야 한다. 배려한답시고 오히려 상대방의 자존심을 상하게 할 수 있다.

룻의 처지를 보라! 생계를 위해 보아스의 밭에서 이삭을 주웠다. 남의 밭에서 이삭을 줍느라 눈치가 보이는 룻, 배척당할까봐 걱정하는 룻에게 보아스는 "다른 밭으로 가지 말고 이 밭에서 주우라"라는 말로 안심시켰다. 사실 이삭을 줍는 일이 얼마나 추레한가. 자존심이 상하는 일이다. 이를 헤아린 보아스는 소년들에게 곡식 다발에서 조금씩 뽑아 버려 줍게 하고 꾸짖지 말라고 당부했다. 배려의 단수가 높아도 아주 높다.

> 네 남편이 죽은 후로 네가 시어머니에게 행한 모든 것과 네 부모와 고국을 떠나 전에 알지 못하던 백성에게로 온 일이 내게 분명히 알려졌느니라 여호와께서 네가 행한 일에 보답하시기를 원하며 이스라엘의 하나님 여호와께서 그의 날개 아래에 보호를 받으러 온 네게 온전한 상 주시기를 원하노라 (룻 2:11-12).

보아스가 한 말은 룻에게 더없이 큰 위로가 되었을 것이다. 자기 나라를 두고 죽은 남편의 어머니를 따라온 룻을 보아스가 인정해주고 있다는 의미다.

남을 배려할 때 우리는 언제쯤 이런 단계에 도달할 수 있을까? 부부 사이라면 세심한 배려가 더 필요하다. 할 수 있다면 미혼 때 교회의 여러 활동을 통해 배려하는 연습을 많이 해야 한다. 특히 리더로서 남을 돌보고 양육하면서 배려하는 법을 익힌다면 결혼해서도 좀 더 좋은 배우자, 좀 더 이해심이 많은 부모가 될 수 있다. 직장 생활에서도 남을 배려할 때 이기적인 세상 속에서 그리스도인의 아름다운 덕을 드러내며 그들을 주님께 인도할 수 있을 것이다.

3. 최선을 다하는 여인

사실 룻은 얼마든지 낙심할 수 있었다. 막상 시어머니를 따라왔지만 아무 대안도 없고, 결국은 남의 밭에 떨어진 이삭이나 주워서 먹고살아야 했다. 앞날을 생각할 때 깜깜했다. 그러나 그녀는 불평하기보다 현재 상황에서 최선을 다했다. 자신이 해야 할 일을 깨달은 후 게으름을 피우지 않고 열심히 일했다. 룻은 아침부터 보아스의 밭에 와서 일하다 잠시 집에서 쉬고 온 후로 계속 일했다(룻 2:6-7). 물론 보아스가 격려를 잘하고 너그러운 사람이었지만, 다른 한편으로는 룻이 그만큼 칭찬 들을 만한 일을 한 것이다. 아침부터 와서 계속 열심히 이삭을 줍고 있는 룻이었기에 결과적으로 보아스의 마음에 들었다.

삶의 의욕조차 없을 것 같은 룻도 이러한 삶을 살았는데 우리가 이렇게 살지 못할 이유가 있을까? 그리스도인이라면 어떠한 절망적인 상황에서도 성실하게 준비하고 노력하며 하나님 앞에 잘 살아야 한다. 학생이라면 미래를 준비해 열심히 공부하고, 직장인이라면 가족을 먹여 살리기 위해 열심히 일해야 한다. 그리고 뜻을 정하여 전능하신 하나님께 기도해야 한다. 그런데 그럴 만큼의 열심은 내지 않고 하나님을 의지하지도 않으면서 밤낮 힘들다고 불평만 하면 답이 없다.

4. 은혜를 아는 여인

룻은 은혜를 알고 감사하는 자였다. 보아스가 룻에게 다른 밭으로 가지 말라고 했고, 소년들에게 룻을 건드리지 말라고 명했고, 또 목이 마르면 길어 온 물을 마시라고 배려했을 때 룻은 자기 같은 이방 여인을 이렇게까지 돌봐주시냐며 고마워했다. 또 보아스가 룻의 신앙적 결단에 대해 하나님의 복을 빌어주었을 때에도 룻은 하녀 같은 자신을 위로하고 마음을 기쁘게 해주셨다며 감사했다.

자신이 가난하다고 해서 남들이 도와주는 것을 당연히 생각하면 안 된다. 돈 없다고 하면서 정작 자기가 필요한 것은 다 사는 사람이 있다. 우리는 은혜를 받았을 때 감사를 표현할 수 있어야 한다. 지금까지 누군가에게 크고 작은 사랑과 도움을 받았을 때 감사의 말, 감사의 표현을 해왔는가? 나그넷길에서 그 사람이 나를 도와줘야 할 이유는 하나도 없다. 조금이라도 내게 관심을 갖고 은혜를 베풀어주었다면 고맙게 생각하라. 감사한 마음을 표현하라.

가장 대표적인 것이 부모님께 대한 감사다. 자신이 받고 있는 사랑과 돌봄에 대해 부모님께 감사의 마음을 전하는가? 또 봉양을 받고 있는 부모라면 자녀에게 감사한 마음을 가져야 한다. 내가 낳고 키웠다고 자녀의 섬김을 당연하게 생각하면 안 된다. 부모 자녀 간에 서로 감사할 수 있어야 한다.

5. 돌보심을 받는 여인

하나님은 하나님을 의지하는 자를 결코 저버리지 않으신다. 하나님은 룻을 보아스에게 인도하셔서 많은 격려와 실제적 도움을 받게 하셨고, 후에 결혼해서 메시아의 족보에 편입되는 복을 허락하셨다. 하나님이 복을 준비하시면 이 정도다.

> 룻이 가서 베는 자를 따라 밭에서 이삭을 줍는데 우연히 엘리멜렉의 친족 보아스에게 속한 밭에 이르렀더라(룻 2:3).

밭이 한두 군데가 아니었을 텐데 어떻게 우연히 엘리멜렉의 친족 보아스의 밭에 이르렀을까? 사람이 보기에는 우연이다. '어느 밭으로 가지? 이 밭에 들어가볼까?' 하고 들어갔는데 그 밭이 바로 보아스의 밭이었다. 또 밭에 들어가서 일하고 있는데 때마침 보아스가 베들레헴에서 왔다(룻 2:4). 그것도 룻이 열심히 이삭을 줍고 있는 바로 그 시점에 말이다.

보아스가 첫 번째 기업 무를 자를 만나러 성문에 올라갔을 때도 마찬가지였다. 그를 만나지 못했다면 성사될 때까지 오랜 시간을 기다려야 할 수도 있었다. 그런데 성문으로 올라가서 앉았는데 마침 첫 번째 기업 무를 자가 지나갔다. '우연히', '마침'은 인간들이 보기에 그랬다는 표현이다. 하나님이 보시기에는 각본대로 이루어지고 있다. 보아스가 성문에 딱 앉았을 때 그 사람이 쓱 지나가게 되어 있다. 또 그가 기업을 무르겠다고 동의하면 룻은 그 사람에게 시집가야 했는데, 그가 거절했기 때문에 보아스와 룻이 결혼을 하게 되었다.

사람 눈에는 '우연히', '마침'이지만, 하나님 편에서는 자비하신 인도다. 하나님께 우연은 없다. 하나님이 보내시고, 들어가게 하시고, 만나게 하시고, 지나가게 하신다. 우리는 이런 하나님의 인도하심을 믿어야 한다. 나오미나 룻처럼 아무 대안이 없고, 먹고살 길이 막막하고, 앞길이 꽉 막혀 있어도 하나님이 우리를 돌보신다는 사실을 잊어서는 안 된다. 우리가 부족할지라도, 또 하나님께 해드린 것이 없어도, 교만하고 못되게 굴었어도 하나님은 우리를 돌보아주신다. 다른 사람이 보기에는 못난 자녀라도 부모에게는 사랑스러운 자녀다. 우리가 하나님의 자녀임을 잊지 말자.

하나님은 우리의 행동을 다 보고 계신다. 우리의 과거는 물론, 현재도 다 알고 계신다. 모든 것을 다 알고 계신 하나님 앞에서 우리는 최선만 다하면 된다. 결코 낙심하지 말라. 세상 사람들은 술로 해결하지만 우리는 기도로 해결한다. 다 보고 계신 하나님께 앞날을 맡기며 하나님이 기뻐하시는, 하나님께 영광 돌리는 길로 충성스럽게 걸어가라.

기도로 태어나
민족을 위해 기도한 자
『사무엘』

탁월한 영성을 지닌 지도자 사무엘은
하나님께 범죄한 이스라엘 백성을 모아
종일 금식하며 회개하도록 이끌었다.
이로 인해 이스라엘은 영적으로 살아날 수 있었다.
그렇다면 오늘날 하나님 앞에 회개하도록
이 민족을 이끌 수 있는 지도자는 누구인가?

1. 민족의 회개를 이끈 자

사무엘은 에브라임 지파 엘가나의 아내 한나가 하나님께 기도하여 얻은 아들이다. 한나는 사무엘을 하나님께 바쳐서 엘리 제사장 앞에서 하나님을 섬기게 했다. 하나님은 사무엘과 함께하셔서 그의 말이 하나도 땅에 떨어지지 않게 하셨고, 이스라엘은 사무엘이 하나님의 선지자로 세우심을 입은 줄 알게 되었다.

엘리 제사장이 사사로 있을 때 이스라엘은 블레셋과의 전쟁에서 군사 4,000여 명이 목숨을 잃었다. 그러자 그들은 전세를 뒤집기 위해 실로에 있던 하나님의 법궤를 전쟁터로 가져갔다. 하지만 기대와 달리, 이스라엘 백성 중 보병이 3만 명이나 죽었고 그들이 의지하던 하나님의 궤는 빼앗기고 말았다(삼상 4:10-11). 신앙을 잃은 이스라엘 민족에게 하나님의 법궤는 한낱 나무 상자에 불과했다. 이런 국가적 위기 상황에서 사무엘이 등장했다. 민족적 패배와 절망 속에서 지도자로서 그가 한 일은 민족적인 대미스바 회개 운동을 이끈 것이었다(삼상 7:3).

이스라엘의 회개가 왜 중요한가?

첫째, 회개하면 이스라엘이 회복된다.

사무엘은 이스라엘 백성에게 이방 신들과 아스다롯(가나안의 여신)을 제거하고 하나님만 섬기라고 선포했다. 이스라엘은 하나님 나라 백성이지만 그동안 하나님이 아닌 다른 신을 섬기고 있었다.

사무엘은 예루살렘 북쪽으로 11km 정도 떨어진 미스바로 이스라엘 백성을 소집해 대대적인 금식을 선포하고 함께 기도했다. 이렇게 시작된 것이 사무엘의 '미스바 신앙부흥운동'이다(삼상 7:5). 이스라엘은 온종일 금식하며 "우리가 범죄하였습니다!"라고 하나님 앞에 죄를 고백했다. 그동안 불평만 할 줄 알았지 자신들의 잘못을 회개할 줄 모르던 이스라엘이 이제야 죄를 인정하고 용서를 구했다. 이 고백이야말로 이스라엘을 회복시킬 수 있는 유일한 수단이었다.

탁월한 영성을 지닌 지도자 사무엘은 하나님께 범죄한 이스라엘 백성을 모아 종일 금식하며 회개하도록 이끌었다. 회개함으로 이스라엘은 영적으로 살아났다. 그렇다면 오늘날 하나님 앞에 회개하도록 이 민족을 이끌 수 있는 지도자는 누구인가? 나부터라도 먼저 거룩한 부담을 갖고 이 시대의 지도자가 되기를 사모하자.

둘째, 회개하면 이스라엘이 승리한다.

이스라엘이 미스바에 모였다는 소식이 블레셋 사람들의 귀에 들어갔다. 블레셋은 다시 이스라엘을 공격했지만 이스라엘은 예전의 이스라엘이 아니었다. 그들은 사무엘에게 간절한 기도를 요청할 만큼 하나님 앞에서 회복된 백성이 되었다(삼상 7:8). 모든 재가는 하나님께로부터 온다. 사무엘의 기도에 응답하신 하나님은 큰 우레를 발하셔서 블레셋 군대를 어지럽게 하심으로 그들에게 패배를 안기셨다. 이 사건 이후 블레셋 사람들은 더 이상 이스라엘을 괴롭히지 못했다(삼상 7:13).

이스라엘이 회개하여 하나님의 백성으로서 신분이 회복되자 그들은 더 이상 약자가 아니었다. 하나님이 함께하시는 강한 자로 바뀌었다. 성도는 하나님이 함께하실 때 가장 강하다. 이 진리를 잊으면 안 된다. 하나님 나라의 백성에게는 하나님과의 관계가 무엇보다 중요하다. 아무리 최신식 스마트폰이라도 배터리가 충전되지 않으면 소용없듯이, 그리스도인은 경건을 잃으면 맛 잃은 소금처럼 버려져 밟힌다(마 5:13).

우리는 이 땅에 살면서 늘 바쁜 일에 쫓겨 경건을 놓치기가 쉽다. 그러나 경건을 놓치면 다 놓치는 것이다. 경건을 잃으면 남는 것이 없다. 그러니 아무리 바빠도 어떻게 해서든지 경건만큼은 꽉 붙잡고 가야 한다. 암에 걸리면 하던 일을 멈추고 암 치료에 집중하듯이, '불경건병'이라는 영적인 병에 걸리면 회개하고 경건을 세우는 일이 급선무다. 그렇지 않으면 우리의 삶은 균형을 잃고 휘청대다 결국 무너진다.

회개는 어떻게 해야 할까?

잘못을 깨닫는 순간, 하나님께 용서를 구하고 지금까지 유지해왔던 미지근한 신앙을 정리하라. 마음을 세상에 두고, 하나님과 세상을 동시에 섬김으로 얻는 유익이 무엇인가? 목숨 걸고 매달려도 시원찮은데 무엇 때문에 복의 근원이신 하나님을 밀어내고 있는가?

이러한 모습을 보고 기뻐하는 자는 마귀다. 마귀는 우리가 미지근할 때 흐뭇해한다. 주일 예배만 형식적으로 드리고, 평일에는 성령이 조명하실 수 없도록 성경을 아예 덮어놓고, 기도도 하는 둥 마는 둥 하면 마귀가 좋아한다. 미지근한 신자는 마음에 찔림이 있어 최소한 주일 오전 11시 예배는 드린다. 마귀의 입장에서도 그 정도는 허용할 만하다. 마귀는 '나머지 시간은 다 내 거야. 주일에만 교회에 가서 잠깐 예배하고 와. 월요일부터는 성경이고 기도고 다 필요 없어. 나랑 함께 하면 되는 거야'라고 속삭인다.

혹 이런 꾐에 빠져 '내가 비록 미지근하기는 하지만 아예 하나님을 떠난 건 아니야!' 하며 스스로 믿는 자가 있는가? 하나님이 아닌 마귀를 기쁘게 하는 삶을 살아왔음을 솔직히 인정하고, 이제라도 회개하고 원래 모습을 회복해야 한다.

한번은 눈에 다래끼가 나서 병원에 갔더니 의사가 염증을 가라앉히는 주사를 놓아주었다. 그런데도 계속 불편해서 경험 많은 다른 안과 의사를 찾았는데, 눈 밑을 째서 고름같이 된 근을 제거해주었다. 째는 순간에는 아팠지만 이후로 눈이 참 편해졌다.

그렇다. 곪은 것은 짜내야 한다. 손에 조그마한 가시가 박혔다면 뽑아내야 한다. 가시는 놔둔 채 반창고를 붙이거나 붕대를 감을 일이 아니다. 마찬가지로 하나님과 나 사이에 조금이라도 불편함이 있다면 바로 없애야 한다. 지금 행복한지, 기쁜지, 만족스러운지 자신에게 물어보라. 그러나 뭔가 불편함이 있다면 문제를 찾아 해결해야 한다. 하나님과 나 사이를 껄끄럽게 하는 가시가 박혀 있지는 않은지 묻고, 발견했다면 바로 빼내라. 하나님과의 관계가 제대로 될 때 참된 기쁨과 즐거움을 누릴 수 있고 생이 빛난다.

오늘부터 매일 1시간씩 하나님과 일대일로 대화하는 시간을 마련하라. 나의 인생이 어디로 가고 있는지 하나님께 여쭙고 들으라. 기도하는 중에 떠오르는 죄가 있거든 빨리 회개하라. 그러면 마음 깊은 곳에서 평안과 기쁨이 흘러나올 것이다. 그렇게 될 때까지 기도하라. 하나님과 관계를 회복하여 남은 생을 새롭게 시작하라.

2. 왕을 세운 자

미스바 회개 운동을 통해 이스라엘과 하나님의 관계를 회복시킨 사무엘은 왕을 세워달라는 이스라엘 백성의 요구가 마음에 들지 않았다. 이는 사무엘뿐 아니라 더 나아가 하나님을 거부하는 일이었기 때문이다. 마음이 답답한 사무엘은 하나님께 기도했고, 하나님은 이스라엘 백성이 하나님을 버린 것이라고 말씀하셨다(삼상 8:7). 이방 나라와 달리, 하나님은 선지자들을 통해 직접 이스라엘을 다스리셨기 때문에 그들에게는 왕이 필요 없었다. 결국 왕을 세워달라는 그들의 요구는 하나님에 대한 거부 행위였다.

하나님은 사무엘에게 이스라엘 백성의 원대로 왕을 세우되, 왕의 제도가 갖는 문제점을 백성에게 가르치라고 하셨다(삼상 8:11-17). 그러나 그들은 사무엘이 전한 왕의 제도의 문제점을 듣고도 계속해서 왕을 요구했다. 사무엘은 원치 않았지만 하나님이 허락하셨기 때문에 왕을 세우는 일을 시작했다.

사무엘처럼 자기 마음에 내키지 않아도 하나님이 원하시는 일을 하는 것, 그것이 순종이다. 신앙생활을 어느 정도 하다 보면 내 마음과 하나님의 일이 일치하지 않는 경우가 생긴다. 이때 신실하게 잘 준비된 자라면 자신의 감정과 상관없이 하나님의 말씀에 순종한다. 가령 토요일에 전도하러 가야 하는데, 내 감정이 원치 않는다. 한 주간 직장을 다니느라 피곤해 토요일만큼은 쉬고 싶다. 하지만 하나님이 원하시니 믿지 않는 영혼을 위해 전도하러 간다. 이런 식으로 순종하는 것이다.

하나님을 믿기 전에는 자기가 원하는 대로 살았다. 하지만 하나님을 믿은 후에는 개인의 감정이나 원함을 하나님의 뜻에 맞추어 조정해야 한다. 때로 하나님의 말씀이 자기 마음에 들지 않아도 의지를 발휘해 하나님께 순종하는 것이다. 그러므로 나그네 인생에서 남은 50년, 40년, 30년, 20년은 자신이 원하는 대로 살지 않는 연습을 하라. 하나님이 원하시는 방향에 나를 맞추어 순종하는 훈련 말이다. 이런 면에서 사무엘은 하나님의 말씀에 온전히 순종하는 자였다.

3. 기도하기를 쉬지 않는 자

사무엘은 하나님이 지목하신 사울을 이스라엘 백성 앞에서 왕으로 세웠다.

> 여호와께서는 너희를 자기 백성으로 삼으신 것을 기뻐하셨으므로 여호와께서는 그의 크신 이름을 위해서라도 자기 백성을 버리지 아니하실 것이요 나는 너희를 위하여 기도하기를 쉬는 죄를 여호와 앞에 결단코 범하지 아니하고 선하고 의로운 길을 너희에게 가르칠 것인즉 (삼상 12:22-23).

이 말은 왕을 세웠지만 왕으로는 충분하지 않으니 자신이 이스라엘을 위해 기도하겠다는 의미다. 여기서 사무엘은 '기도하기를 쉬는 죄'를 언급했다. "기도하지 않으면 그뿐이지, 그것이 죄라고?" 하며 반문할 수 있다. 그러나 죄 중에는 '기도하기를 쉬는 죄'가 있다.

믿지 않는 가족들과 교회와 나라를 위해 기도해야 하는데 기도하지 않는 성도들이 있다. 그러면 교회 공동체와 민족의 운명은 어떻게 되는가? 우리의 기도와 간구 없이 그들이 제대로 살아갈 수 있을까? 따라서 기도하기를 쉬는 죄를 범해서는 안 된다. 한국의 4,000만 명의 불신 영혼, 중국의 15억 인구, 인도의 10억에 달하는 힌두교도들, 전 세계 15억의 무슬림들이 우리의 기도를 기다리고 있다. 기도로 그들을 먹여 살려야 한다.

현재 우리나라에는 1,000만 명의 불교 신자, 500만 명의 천주교 신자, 신천지 등을 비롯한 200만 명의 이단이 있다. 내가 아니면 누가 그들을 위해 기도하겠는가. 기도하기를 쉬는 것은 죄다. 상당히 이기적인 죄다. 혹시 가족들을 위해 기도하는 것으로 양심의 가책을 덜고 있는가? 하지만 가족들은 나의 분신이기에 그 기도도 결국 자기를 위한 기도와 다름없다. 주위에 아직도 구원받지 못한 사람들이 수두룩한데, 도무지 열리지 않는 내 앞길만을 위해 기도한다면 너무 부끄러운 일이다.

예수님은 온 인류를 위해 죽으셨는데 취직, 결혼, 집 장만, 자녀 양육에만 몰두하다가 생을 마치려는가? 하나님은 그렇게 살라고 우리를 이 땅에 보내신 것이 아니다. 하나님은 우리가 이 땅에 사는 동안 열방을 위해 기도하기를 원하신다. 특별한 재능이나 스펙은 없어도, 입을 열어 기도할 수는 있다. 주위 불신자들을 기도로 책임지지 않는다면 어떻게 그리스도인이라고 말할 수 있겠는가.

4. 사명을 완수한 자

하나님이 기회를 주셨지만 사울이 계속 불순종하자, 하나님은 사울 대신 다윗을 왕으로 세우기로 작정하셨다(삼상 16:1-13). 이스라엘을 다스리는 왕이 버젓이 살아 있는데 사무엘이 다른 사람을 왕으로 세우는 일은 한마디로, 목숨을 건 행동이었다.

사무엘은 사울이 알게 될까봐 두려웠지만 하나님의 말씀에 순종하여 이새에게 나아갔다. 이새의 아들들 중에 한 사람을 왕으로 세우라는 하나님의 말씀에 따라 그들을 모아놓고 하나님의 뜻을 물었고, 결국 막내 다윗이 뽑혔다(삼상 16:12). 사무엘은 다윗에게 기름을 부어 그를 이스라엘의 새 왕으로 세웠다.

이 모두는 다 하나님의 경륜 안에서 이루어졌지만, 사무엘의 온전한 순종을 통해 완성되었다. 사무엘은 패역한 시대에 하나님의 종으로서 자신의 사명을 완수한 것이다.

지금까지 우리는 사무엘에게서 무엇을 배웠는가? 사무엘은 미스바에서 이스라엘 민족의 회개를 촉구했고, 자기는 원치 않았지만 하나님이 왕을 세우라고 하셔서 사울을 왕으로 세웠다.

그뿐만 아니라 하나님 앞에서 민족을 위해 기도하기를 쉬는 죄를 범하지 않겠다고 했다. 또한 하나님의 말씀에 순종해 위험을 무릅쓰고 다윗을 왕으로 세웠다. 이처럼 사무엘은 하나님께 순종함으로써 열매를 맺었다. 사무엘은 순종의 선지자이며, 죽을 때까지 이스라엘 민족을 위해 기도한 중보자다.

  그리스도인들은 하나님이 기뻐하시는 일이면 사무엘처럼 원하든 원하지 않든, 또 안전하든 위험하든 묵묵히 순종해야 한다. 우리도 주어진 일에 충성하며 남들이 알아주지 않아도 열심을 내고 있는가? 하나님이 다 보고 계신다. 우리는 사람이 아니라 하나님 앞에서 신앙생활을 하고 있다. 하나님이 기뻐하시는 삶을 살고 있는가? 혹시라도 하나님이 원하시는 길에서 벗어나 있다면 돌이켜 순종의 길로 들어서서 속히 하나님께 더욱 충성하는 성도가 되라.

사무엘처럼 자기 마음에 내키지 않아도
하나님이 원하시는 일을 하는 것, 그것이 순종이다.
신앙생활을 어느 정도 하다 보면 내 마음과
하나님의 일이 일치하지 않는 경우가 생긴다.
이때 신실하게 잘 준비된 자라면 자신의 감정과 상관없이
하나님의 말씀에 순종한다.

05

분노로 망쳐진 인생
『사울』

사울은 블레셋과의 전투에서 비참하게 죽었다.
나중에 동족들이 사울의 시체를 찾아 화장하고
뼈를 장사했다.
이렇게 사울은 생을 마감했다.
자신은 미약한 자라고 말할 정도로 겸손했던 사울이
왜 이렇게까지 비참하게 되었을까?

1. 겸손한 왕

하나님은 왕을 세워달라는 이스라엘 백성의 요구를 받아들여 사울을 왕으로 선택하셨다. 사무엘은 먼저 사울에게 가서 기름을 부은 후, 백성을 미스바로 불러 모으고 베냐민 지파 기스의 아들인 사울을 왕으로 추대했다.

처음에 사무엘이 사울을 왕으로 지명했을 때 사울은 자신이 미약한 자라고 말할 정도로 겸손했다. 심지어 사무엘이 온 백성 앞에서 왕으로 세우려 할 때 그는 짐 보따리들 사이에 숨어 있기까지 했다. 사무엘은 그런 사울을 찾아내어 왕으로 세웠고, 모든 백성은 그를 기뻐하여 만세를 외쳤다.

그 후 암몬이 쳐들어와서 야베스에 맞서 진을 쳤고, 이 소식을 들은 기브아 백성들은 소리 높여 울었다. 이때 사울은 소를 잡아 각을 떠서 모든 지역에 보내 자기를 따르지 않는 자들은 곧 이렇게 될 것이라는 엄포를 놓으며 백성들을 모았다(삼상 11:6-7). 사울은 모인 자들을 3대로 나누어 암몬을 공격하여 이스라엘을 승리로 이끌었다.

이 같은 사울의 지도력을 경험한 사람들은 사울이 왕이 되는 것을 탐탁지 않게 여겨 비방했던 자들을 찾아내 죽이자고 했다. 그러나 사울은 성난 백성을 제지하며 자기를 비방했던 불량배들에게 관용을 베풀었다. 하나님은 이렇게 겸손하면서도 관용을 베풀 줄 아는 사울을 사용해 이스라엘을 승리로 이끄셨다.

2. 불순종한 왕

망령된 제사

그런데 그토록 훌륭했던 사울이 변하여 죄를 짓기 시작했다. 사울의 첫 번째 죄는 블레셋과의 전투에 앞서 제사장 사무엘이 드려야 할 번제를 본인이 직접 드린 일이었다.

당시 병거와 마병으로 무장한 블레셋이 침략해오자 온 백성이 두려워 떨었다. 그런데 사무엘이 기한이 차도록 오지 않자 초조해진 사울은 자신이 직접 제사를 드렸다. 그가 번제드리는 일을 마치자 곧 사무엘이 도착하더니 왕이 한 일을 질책했다(삼상 13:13).

사실 사울은 무슨 일이 있어도 사무엘이 오기를 기다렸어야 했다. 제사는 제사장만이 드리도록 하나님이 정해놓으셨기 때문이다. 사울의 출발은 좋았지만, 그는 왕위에 오른 지 2년 만에 큰 죄를 범하고 말았다.

둘러대는 입

사울의 두 번째 죄는 아말렉과의 전투에서 모든 백성과 짐승을 다 진멸하라는 하나님의 말씀을 어기고 아말렉 왕 아각과 좋은 양, 좋은 소들을 남긴 일이었다.

하나님은 이스라엘이 출애굽할 때 아말렉이 대적한 일로 인하여 아말렉의 모든 것을 진멸하기 원하셨지만, 사울은 탈취물에 욕심을 냈다. 사무엘이 사울의 죄를 추궁하자 그는 하나님께 좋은 제물을 드리기 위해서였다고 둘러댔다.

사울이 처한 상황을 십분 감안해서, 사울이 범한 첫 번째 죄는 인간적으로 너무 두려운 나머지 해서는 안 될 일을 한 사울의 연약함으로 볼 수도 있다. 그러나 그가 저지른 두 번째 죄는 얼마든지 다 진멸할 수 있었음에도 좋은 것을 살려두고 싶었던 욕심으로 인한 죄가 분명했다. 하나님은 연약한 사울에게 두 번째 기회를 주셨지만, 이번에는 욕심 때문에 다시 불순종하는 죄를 범했다.

그렇다면 하나님은 왜 사울에게 두 번째 기회를 주셨을까? 하나님은 사울의 연약함을 아시는 분이기 때문이다. 인간은 연약함 때문에 누구나 실수를 한다. 필자도 상담을 하다 보면 고의적이기보다는 연약함으로 인해 실수를 저지른 성도를 만날 때가 있다. 그런 경우 연약함을 회개하고 다시 하나님 앞에서 새롭게 서도록 권면한다.

어쨌든 사울은 두 번째 기회가 주어졌을 때 얼마든지 자신의 의지로 하나님께 순종할 수 있었지만 다시 불순종했다. 사무엘은 사울에게 이 잘못을 추궁했다.

> 내 귀에 들려오는 이 양의 소리와 내게 들리는 소의 소리는 어찌 됨이니이까(삼상 15:14).

사울은 사무엘의 지적을 받고도 둘러대기에 바빴다. "백성이 당신의 하나님 여호와께 제사하려 하여"(삼상 15:15) 하며 하나님의 이름까지 들먹이며 변명했다. 둘러대는 것은 깨어 있지 않은 자의 특징이다. 하나님께 제물로 드리려고 좋은 것을 남겨두었다는 사울의 말은 꽤 신앙적으로 들리지만, 사무엘은 그 말에 넘어가지 않고 분명하게 그의 잘못을 책망했다.

> 여호와께서 번제와 다른 제사를 그의 목소리를 청종하는 것을 좋아하심같이 좋아하시겠나이까(삼상 15:22).

결국 하나님은 사울을 버려 왕이 되지 못하게 하셨다. 처음에는 겸손했던 사울이 어떻게 2년 만에 하나님의 말씀에 불순종하는 왕이 되었는지 모르겠다.

분명한 한 가지 사실은 사울이 하나님의 말씀을 자기 마음에 두지 않았다는 점이다. 사울의 불순종은 하나님의 말씀을 무시한 데서 비롯했으며, 그 결과 사울은 실패한 인생을 살고 말았다.

하나님의 말씀을 가볍게 여기면 불순종하게 된다. 간혹 "말씀은 그렇지만 현실은 이렇다"라는 말을 들을 때가 있다. 이 말이 얼마나 나쁜 말인지 모른다. 우리는 성경 말씀 그대로 순종해야 한다. "아무것도 염려하지 말라"라는 말씀을 따라 어떤 상황에서도 염려하지 않으면 된다. 하나님이 "기도하면 응답해주겠다"고 약속하셨으므로 기도하고 응답을 기다리면 된다. "돈을 사랑하지 말라"고 하셨기에 돈을 사랑하지 않으면 된다. 혹시라도 "성경은 그렇게 말하지만…"이라는 말이 내 입에서 나오지 않도록 각별히 조심해야 한다.

"기도해도 응답이 없어", "하나님이 아무것도 염려하지 말라고 하셨지만 당장 먹고살 일이 걱정이야"라는 말은 곧 하나님을 부인하는 말이다. "범사에 감사하라"고 하셨는데 불평하거나, "수군대지 말라"고 하셨는데 계속 수군덕거리는 것이 바로 불신앙의 모습이다. 자신이 원하는 대로 살면서 주님 때문에 하듯 교묘하게 포장하는 일도 옳지 않다. 하나님을 믿고 나서도 하나님을 핑계 삼아 둘러댄다면 하나님을 이용하는 것과 다름없다. 그러한 자가 바로 사울이다.

분노의 발걸음

하나님은 사울 때문에 슬퍼하는 사무엘에게 이새의 아들 다윗을 왕으로 세우라고 명하셨다. 그 후 하나님께 인정받지 못한 사울은 다윗을 죽이려고 쫓아다니는 데 온 힘을 기울였다. 사울의 추락하는 삶은 비상하는 다윗의 모습과 매우 대조된다.

여인들이 뛰놀며 노래하여 이르되 사울이 죽인 자는 천천이요 다윗은 만만이로다 한지라(삼상 18:7).

이 말을 들은 사울은 심히 불쾌했다. 어찌 보면 이런 일을 당하는 것도 하나님이 주시는 벌일 수 있다. 하나님의 말씀을 멸시하더니 자신도 사람들에게 멸시를 당했다.

이때부터 사울은 다윗을 원수로 여기고 죽이려 했다. 여러 번 다윗에게 창을 던졌지만 번번이 다윗은 아슬아슬하게 피했다. 사울은 블레셋의 손을 빌려 다윗을 죽일 속셈으로, 블레셋 사람 100명을 죽이면 딸을 주겠다고 미끼를 던졌다. 그러자 다윗이 블레셋 사람 200명을 죽이고 와서 어쩔 수 없이 그를 사위로 삼게 되었다. 아예 다윗의 집을 포위해 사로잡으려고 했으나 놓쳤고, 라마로 피신한 다윗을 잡아오라고 전령들을 보냈으나 실패했다.

그러던 중 도망 길에 오른 다윗이 제사장 아히멜렉의 도움을 받아 떡과 칼을 받은 사실을 알게 된 사울은 85명의 제사장들과 제사장들의 성읍 사람들을 다 죽여 버렸다. 미움과 분노에 찬 사울은 갈수록 잔인해지고 포악해졌다. 하나님의 말씀을 가볍게 여기더니 하나님이 세우신 제사장들도 가차 없이 죽였다.

이처럼 죄악은 점점 발전한다. 처음부터 무자비한 독재자는 없다. 인간은 가만 놔두면 악을 향해 간다. 그 악함이 발전해서 더 강해지고 악해진다. 인간은 죄성을 갖고 태어나기 때문에 성화에 이르지 못하면 결국 악해질 수밖에 없다. 중립은 없다.

따라서 성도들은 자기 안에 들어온 악을 계속 빼내야 한다. 돈의 논리, 세속적인 논리, 거짓의 논리로 가득 찬 세상과 타협해서는 안 된다. 가만히 있어도 쉴 새 없이 밀고 들어오는 세상의 영향력을 말씀과 기도로 빼내야 한다. 매일 세수를 하듯이 말씀으로 날마다 속사람을 닦아야 한다. 그렇지 않으면 100도로 펄펄 끓던 신앙의 온도가 어느새 80도, 70도, 그러다가 미지근한 30도까지 내려가고 만다. 정기적으로 수련회에 참석하거나 말씀 및 기도 생활을 습관화해 우리 안에 쌓인 세상의 영향력을 씻어내야 한다.

사울을 피해 도망가던 다윗은 그일라로 내려갔다. 이 소식을 들은 사울도 그일라로 다윗을 뒤쫓아 갔다. 그러나 한발 빠른 다윗이 그일라를 떠나는 바람에 사울은 또 허탕을 쳤다.

사울은 그일라, 마온 황무지 등으로 다윗을 쫓아다녔지만 도무지 다윗을 잡을 수가 없었다. 하나님이 다윗을 사울의 손에 넘기지 않으셨기 때문이다(삼상 23:14).

거짓 회개의 눈물

한번은 다윗이 엔게디 광야의 굴 깊은 곳에 있을 때 사울이 뒤를 보러 들어왔다. 뒤를 본다는 것은 용변을 보거나 잠자는 것 등 두 가지 해석이 가능하다. 무엇이 되었든 사울은 그 많은 동굴 중에서 하필 다윗이 숨어 있는 굴에 들어갔다. 다윗이 마음만 먹으면 얼마든지 사울을 죽일 수 있는 상황이었다.

그러나 다윗은 사울을 죽이는 대신 그의 겉옷 자락만 가만히 베었다. 부하 3,000명을 이끌고 다윗을 죽이러 간 사울이 하마터면 다윗의 손에 죽을 뻔했다. 사울이 대적에게서 오히려 구사일생으로 목숨을 건진 상황이 되었던 것이다.

다윗은 굴에서 나와 사울 뒤에서 외쳤다. "하나님이 왕을 내 손에 넘기셨으나 여호와의 기름 부음 받은 왕이기에 왕을 해하지 않고 겉옷 자락만 베어 증거를 남겼으니, 내가 절대 왕을 해할 사람이 아니라는 사실을 믿어 주십시오" 하고 호소했다(삼상 24:8-15). 이 말을 들은 사울은 놀라고 감동해 소리 높여 울며 말했다.

> 나는 너를 학대하되 너는 나를 선대하니 너는 나보다 의롭도다 네가 나 선대한 것을 오늘 나타냈나니 여호와께서 나를 네 손에 넘기셨으나 네가 나를 죽이지 아니하였도다(삼상 24:17-18).

사울이 우는 모습을 보니 회개하는 것 같다. 사울은 정말 자신의 잘못을 뉘우쳤을까? 아니다. 우는 모습에 속으면 안 된다. 행동에 변화가 없는 눈물은 가짜다. 사울의 울음이 진짜라면 이후에 그의 행동에 변화가 있어야 했다.

얼마 후 그렇게 눈물 흘리던 사울은 하길라산에 숨어 있는 다윗을 죽이려고 또 군대를 끌고 십 광야로 내려갔다. 그런데 어찌 된 일인지 광야 앞에 진을 친 사울과 부하들이 다 잠이 들었다. 다윗은 부하 아비새와 함께 진영에 가서 모두 잠든 모습을 보았다. 하나님이 그들을 깊이 잠들게 하셨기 때문에 사울을 없앨 절호의 기회가 한 번 더 찾아온 것이었다(삼상 26:12).

당장 사울을 창으로 찌르겠다는 아비새를 만류한 다윗은 사울의 머리 곁에 있는 창과 물병만 갖고 나왔다. 그러고는 건너편 산꼭대기에 올라 사울의 부하 아브넬에게 "왜 왕을 보호하지 않았느냐!"라고 외쳤다.

이번에도 사울은 죽을 뻔했다가 살아났다. 따지고 보면 사울은 최소 10회 이상 다윗을 죽이려 했으나 다 실패했다. 사울과 온 군대가 죽이려고 했지만 다윗은 살아났고, 오히려 사울이 두 번이나 죽을 뻔했다.

다윗과 사울, 두 사람을 비교해볼 때 하나님과 동행하는 다윗은 용기 있고 너그러웠지만, 하나님과 동행하지 않는 사울은 난폭하고 무기력하고 초라했다. 이 땅에서 최고의 삶은 하나님과 동행할 때 주어진다. 기도하고 말씀을 보며 순종하는 사람만이 하나님과 동행하는, 빛나는 삶을 살 수 있다.

무당 집에서의 초라한 식사

사무엘이 죽은 후 이스라엘의 숙적인 블레셋이 다시 쳐들어왔다. 다급해진 사울은 하나님께 여쭈어보았지만, 하나님은 꿈으로도, 우림으로도, 선지자로도 대답하지 않으셨다. 하나님이 이미 그를 떠나셨기 때문이다. 하나님은 사울이 하나님과 함께할 때는 도와주셨지만, 말씀에 불순종하며 다윗을 죽이려 할 때는 결코 돕지 않으셨다. 하나님은 죄를 미워하신다. 그런데 어떻게 죄로 가득한 사울의 기도에 응답하실 수 있겠는가.

하나님께로부터 아무런 응답을 받지 못한 사울은 궁여지책으로 신접한 여인을 찾아갔다. 그곳에서 사울은 그다음 날 블레셋 군대에 의해 죽임을 당할 것이라는 얘기를 들었다(삼상 28:19). 그렇지 않아도 두려워 죽을 판인데 그 말을 들은 사울은 정신을 차리지 못했다. 기력이 다한 사울은 두려움과 고통에 눌려 음식도 거절하다가 신하들과 신접한 여인의 강권으로 겨우 음식을 먹었다. 살진 송아지로 만든 음식이 차려졌지만 사울에게는 더 이상 낙이 없는 초라한 저녁 식사였다.

이 모습은 예수님과 제자들이 유월절 전에 가졌던 만찬과 비교된다. 예수님의 최후의 만찬은 얼마나 빛이 나는가! 소박하지만 그 만찬은 모든 인류의 구원과 연관된, 인류의 구원을 앞두고 예수님이 자신을 희생하신 거룩함이 깃든 만찬이었다.

그러나 사울의 식사는 영적으로 볼 때 제일 밑바닥에 있는, 비천하고 우울한 식사였다. 여기에는 어떤 소망의 빛도 없었다. 신접한 여인을 찾아간 것도 최악인데, 기운을 차리겠다고 그 여인이 준비한 음식을 먹었다. 블레셋의 손에 죽을 것이라는 말을 듣고도 음식을 먹었다. 식사 메뉴는 살진 송아지였지만 초라하기 그지없다. 회개할 능력도, 기력도 모두 상실한, 살았지만 죽어 있는 상태. 이것이 바로 밑바닥까지 내려간 비천한 사울의 모습이다.

3. 비참한 왕

그다음 날 사울은 블레셋과의 전투에서 비참하게 죽었다. 사울의 세 아들이 먼저 죽었고, 사울은 적이 쏜 화살에 맞아 중상을 입었다. 차라리 화살을 맞고 바로 죽었더라면 좋았을 것을, 중상을 입은 사울은 칼 위에 스스로 엎드러져 자결했다. 대적은 사울의 머리를 벤 후 그의 시체는 성벽에 못 박았다. 나중에 동족들이 사울의 시체를 찾아 화장하고 뼈를 가져다가 장사했다. 이렇게 사울은 생을 마감했다.

사울은 왜 이렇게까지 비참하게 되었을까? 하나님의 말씀을 우습게 여기고 무시한 자의 피할 수 없는 대가다. 처음에 사울은 겸손한 사람으로서 하나님이 그를 높이셨다. 하지만 언젠가부터 그는 하나님께 불순종하기 시작했다. 하나님이 주시는 여러 기회를 놓쳤고, 계속 변명하면서 자신이 원하는 대로 살았다. 그는 미움과 분노에 사로잡혀 다윗을 쫓아다니면서 헛된 일에 생을 소비하다가 결국 남루하고 비천한 자로 삶을 마감했다.

사울은 이 땅에서 최악의 삶을 살다 간 대표적 인물이다. 이처럼 사울은 우리에게 반면교사의 역할을 한다. 아무리 작은 불순종이라도 거듭 행하면 사울처럼 된다.

처음에는 훌륭했지만 나중에 타락한 인물들이 성경에는 더러 있다. 처음에 훌륭하다고 해서 반드시 끝까지 훌륭하게 사는 것은 아니다. 이런 면에서 믿음은 숙명론과 다르다. 자기 신앙은 자기가 개척해야 한다. 갈수록 신앙이 좋아지는 사람이 있는가 하면, 하나님께 불순종해 점점 불경건해지는 사람도 있다.

처음에 신앙생활을 잘했다고 끝까지 잘할 것이라 장담하지 못한다. 집사, 장로, 목회자라는 직분이 이를 보장해주지도 않는다. 따라서 우리도 중간에 넘어질까 조심해야 한다.

> 그런즉 선 줄로 생각하는 자는 넘어질까 조심하라(고전 10:12).

넘어지지 않는 가장 좋은 방법은 쉬지 않고 계속 달려나가는 것이다. 사도 바울이 "하나님이 위에서 부르신 부름의 상을 위하여 달려가노라"(빌 3:14)라고 말한 것처럼, 우리도 뒤돌아보지 않고 계속 뛰어가야 한다. 사울을 반면교사로 삼아 하나님의 말씀을 무시하지 말고 말씀에 잘 순종해야 할 것이다.

죄악은 점점 발전한다.
처음부터 무자비한 독재자는 없다.
인간은 가만 놔두면 악을 향해 간다.
그 악함이 발전해서 더 강해지고 악해진다.
인간은 죄성을 갖고 태어나기 때문에
성화에 이르지 못하면
결국 악해질 수밖에 없다. 중립은 없다.

06

땅에 살지만
하나님과 같은 편
『다윗 1』

하나님은 하나님을 전적으로 의지하는 자를 통해
그 능력을 드러내기 원하신다.
다윗이 하나님을 의지하며 나서자
비로소 하나님의 능력이 드러났다.
가만있으면 아무 일도 이루어지지 않는다.

1. 의분을 견딜 수 없는 자

다윗의 생애에서 빼놓을 수 없는 사건이 바로 골리앗과의 싸움이다. 다윗은 왜 이 싸움을 하게 되었을까? 그는 어렸지만 하나님의 이름이 모욕당하는 상황을 견딜 수 없었다. 블레셋이 이스라엘 군대를 모욕하는 것은 하나님의 군대, 궁극적으로는 하나님을 모욕하는 것과 다름없었기 때문이다. 이스라엘 사람 중에 이런 마음으로 싸운 자는 다윗 한 사람뿐이었다. 이스라엘 백성은 하나님의 이름이 땅에 떨어져도 자기 목숨을 잃을까봐 두려워했지만, 참을 수 없었던 다윗은 골리앗을 향해 싸우러 나갔다(삼상 17:26).

우리는 이 시대를 보면서 의분을 품어야 한다. 세상이 원래 그런 것이라며 이해하려 들지 말고 하나님의 관점에서 세상의 악을 보고 분별할 줄 알아야 한다. 동성애, 혼전 성관계, 이혼, 교회 분쟁, 이단의 증가, 성도의 세속화, 교계 지도자들의 타락, 대학생 선교 단체의 쇠락 등을 보면서 가슴 아파해야 한다. 더군다나 하나님의 이름이 이 땅에서 무시당하는 모습을 보며 다윗처럼 분한 마음을 가져야 한다.

다윗은 '이방인이 몰라서 저렇게 행동하는 건데 뭘 싸우기까지 해. 게다가 나는 군인도 아닌데' 하고 그냥 넘어가지 않았다. '뭐, 저 따위가 감히!' 하고 물매를 움켜쥔 다윗은 하나님을 모욕하는 이방인에게 도전했다. 우리도 다윗처럼 죄가 만연한 세상을 향해 의분을 품고 나가야 한다.

2. 준비되어 있는 자

분노한 다윗은 전쟁에 나갈 때 단지 뜨거운 열정만 갖고 나가지 않았다. 그에게는 지금까지 하나님이 함께해주신 경험이 있었다. 들에서 양을 지키다가 사자나 곰이 나타나면 다윗은 물매 돌을 던져 양 새끼를 구해냈다. 평소에 하나님의 도우심을 많이 경험했기에 다윗은 골리앗 따위는 두렵지 않았다.

이처럼 준비된 자에게는 두려움이 없다. 소년 다윗에게는 하나님과 함께하는 데서 나오는 힘이 있었다. 그런 다윗이라서 이스라엘 백성과 군사가 모두 벌벌 떠는 상황에서도 혼자 나가 싸우겠다는 말을 할 수 있었던 것이다. 우리가 세상과 싸울 때 열정만으로는 불가능하다. 하나님과 동행한 경험에서 나오는, '하나님이 나를 도우신다. 하나님이 내 편이시다'라는 확고함이 있어야 한다. 또한 각자가 세상을 이길 경건의 능력을 갖추어야 한다.

> 주의 종이 가서 저 블레셋 사람과 싸우리이다(삼상 17:32).

얼마나 용감하고 멋진 말인가! 힘이 넘친다. 우리도 이 단계에 들어가야 한다. "하나님을 대적하는 세상을 향해 제가 나가서 싸우겠습니다"라는 고백은 다윗처럼 평소에 하나님과 함께하는 경험을 많이 쌓은 사람만이 할 수 있는 말이다.

3. 하나님의 능력을 드러낸 자

사울이 입혀준 군복, 갑옷, 놋 투구, 칼이 익숙지 않은 다윗은 손에 막대기와 매끄러운 돌 5개, 그리고 물매를 갖고 골리앗 앞에 나섰다.

> 나는 만군의 여호와의 이름 곧 네가 모욕하는 이스라엘 군대의 하나님의 이름으로 네게 나아가노라(삼상 17:45).

다윗은 하나님의 구원하심은 칼과 창에 있지 않고, 전쟁은 하나님께 속한 것이며, 하나님이 블레셋을 자기들의 손에 넘기실 것이라고 외쳤다. 곧이어 가까이 다가온 골리앗을 향해 재빨리 달려나간 다윗은 자기 제구에서 돌을 꺼내 물매로 던져 골리앗의 이마를 맞혀 쓰러뜨렸다. 그리고 골리앗의 칼을 빼내어 그를 죽였다.

이 사건을 보면서 생각할 점은 어려운 상황에서 하나님의 이름을 의지해 나간 자를 하나님이 망하게 하시는 법은 없다는 것이다. 예를 들어, 다윗이 골리앗 앞에 용감하게 나갔는데 그만 힘이 없어 골리앗의 칼에 쓰러졌다? 모세와 아론이 바로에게 가서 하나님이 명령하신 대로 아론이 지팡이를 던져 뱀이 되었는데, 그 뱀이 바로의 마술사가 가진 지팡이에게 잡혀먹혔다? 기드온과 300명의 용사들이 전쟁을 치르다가 적군에게 몰살당했다? 엘리야가 바알 선지자들을 모아놓고 그 앞에서 제단에 물을 붓고 기도했는데 불이 내려오지 않는 바람에 바알 선지자들에게 죽임을 당했다? 이런 영적 법칙은 성경 어디에서도 찾아볼 수 없다.

> 주를 바라는 자들은 수치를 당하지 아니하려니와 까닭 없이 속이는 자들은 수치를 당하리이다(시 25:3).

주님을 바라보고 의지하는 자는 수치를 당하지 않는다. 그렇기 때문에 우리는 주님의 이름을 걸고 일해야 한다. 그때 우리는 수치를 당하는 것이 아니라 승리한다.

하나님은 하나님을 전적으로 의지하는 자를 통해 그 능력을 드러내기 원하신다. 다윗이 하나님을 의지하며 나서자 비로소 하나님의 능력이 드러났다. 가만있으면 아무 일도 이루어지지 않는다.

요즘은 하나님의 능력이 너무 교회 안에만 갇혀 있다. 성도 한 사람, 한 사람이 다윗과 같은 능력을 발휘할 수 있는데, 교회에 와서 친교만 하다가 간다. 하나님은 골리앗을 무찌를 정도로 엄청난 능력을 주셨는데, 그 힘을 형제자매들을 문안하는 데만 사용한다. 현대판 골리앗이 우리 주위를 온통 둘러싸고 있는데 직장에서, 학교에서 이 능력을 꺼내보지도 못한 채 그저 세상의 흐름에 파묻혀 지낸다. 하나님이 보내주신 그곳에서 골리앗을 쓰러뜨리는 능력을 나타내야 하건만, 학교에서 스펙을 쌓고 직장에서 인정받는 것으로 만족해버린다.

이 시대는 말세 중의 말세라서 잘못된 가치관이 사회에 만연하고 거짓과 욕심이 판을 치고 있다. 그 가운데서 그리스도인은 무엇을 하며 어떻게 살아야 할까? "하나님, 이번에 승진할 수 있도록 도와주세요"라는 기도는 이제 그만하고, 하나님의 사람으로서 중심이 끓어오르는 간구를 할 수는 없을까? 사실 이미 이긴 싸움인데, 다만 아무도 나서지 않아서 문제다.

학교 친구나 직장 동료들이 아직도 예수님을 모른 채 살고 있다면 그것은 내 책임이다. 학교에서 학생인 나는, 직장에서 상사인 나는 주님이 임명하신 '사람을 낚는 어부'다. 부름 받은 나를 통해 과연 하나님의 능력이 드러나고 있는가?

4. 하나님의 뜻에 따라 움직인 자

다윗이 골리앗을 쓰러뜨린 후에 주로 한 일은 도망 다니는 일이었다. "사울이 죽인 자는 천천이요 다윗은 만만이로다"(삼상 18:7)라는 여인들의 노래를 기분 나쁘게 들은 사울의 시기심 때문에, 다윗은 목숨의 위협을 느끼며 도망 다닐 수밖에 없었다.

다윗은 놉에 가서 아히멜렉 제사장이 허락한 거룩한 떡도 얻어먹었고, 가드 왕 아기스 앞에서는 죽임을 당할까봐 침을 흘리며 미친 척하기도 했다. 아둘람 굴로 피신했을 때 가족과 환난당한 자와 빚진 자와 마음이 원통한 자들 400여 명이 찾아왔고, 다윗은 그들과 함께 모압 땅, 유다 땅으로 도망 다녔다.

그러던 중 블레셋 사람들이 그일라에 쳐들어왔다는 소식을 듣고 블레셋을 공격해 그일라 주민을 구원하기도 했다(삼상 23:1-2). 이스라엘의 왕인 사울이 유다 지파인 그일라 주민을 구해주는 것이 마땅한데, 오히려 쫓기는 다윗이 위험을 무릅쓰고 그들을 구해주었다.

사실 그일라 주민이 공격당했다는 소식을 들었을 때 다윗이 굳이 자신이 블레셋을 쳐야 할지 하나님께 여쭐 필요는 없었다. 그의 책임이 아니었기 때문이다. 그러나 다윗은 자기 민족이 고통당하는 모습을 두고 볼 수 없어 부하들의 반대를 무릅쓰고 그일라 사람들을 구하러 갔다. 다른 사람의 처지를 먼저 생각하는 다윗의 이 마음이 우리에게 있는가? 혹시 내가 힘들면 다른 일이나 다른 사람들은 다 두 번째

가 되고, 내 일이 가장 중차대하기 때문에 다른 사람을 돌아보는 일은 나중으로 미루고 있지는 않은가?

이 사건 외에, 다윗이 상황보다는 하나님의 뜻에 따라 순종했던 일이 또 있었다. 앞서 언급했듯이, 한 번은 사울이 다윗을 죽이려고 쫓아오다가 우연히 다윗이 거한 동굴에 들어왔는데 다윗이 사울의 겉옷자락만 조금 베고 살려준 일이었다. 또 한 번은 다윗을 쫓아온 사울이 광야에서 부하들과 함께 잠든 사이에 다윗이 몰래 진영에 들어가 창과 물병만 갖고 나온 일이었다.

그런데 이 일은 단지 물에 빠진 사람을 구해준 착한 일이 아니다. 자기를 죽이려는 사람을 살려준 것이며, 언제 죽을지 모르는 위험에 계속해서 자신을 내던진 것이다. 게다가 이는 다윗 한 사람만의 문제도 아니었다. 사울을 없애면 다윗과 함께한 사람들의 목숨도 안전할 수 있었다. 따라서 공동체의 분위기를 생각하면 사울을 죽이는 것이 맞았다. 그러나 다윗은 사울이 하나님께 기름 부음 받은 왕이기 때문에 그를 죽이면 안 된다고 생각했다. 그는 자기 생명을 돌아보지 않고 하나님의 뜻을 철저히 따랐다.

사실 이 상황은 다 하나님이 허락하신 것이었다. 사울이 어떻게 그 많은 굴 중에서 하필이면 다윗이 있는 굴에 들어갔을까? 또 3,000명이나 되는 군인이 어떻게 한 사람도 빠짐없이 다 잠이 들어버렸을까? 다윗의 부하 아비새가 말한 것처럼, 누가 봐도 하나님이 원수를 다윗의 손에 넘기신 정황이었다. 다윗의 부하들은 사울을 죽이는 것이 하나님의 뜻이라고 확신했지만, 다윗만큼은 그렇게 생각하지 않았다. 그는 끝까지 하나님의 뜻을 최우선 순위에 두었고, 최악의 상황에서도 하나님의 말씀을 지켜 원수를 살려주었다.

하나님은 다윗의 삶을 통해 최악의 상황에서도 낙심과 무기력증에 빠지지 말고 하나님의 뜻을 드러내라고 가르치신다. 이는 성령의 능력으로 사는 하나님의 사람에게만 가능한 일이다. 우리도 이 같은 분별력을 갖고 어떤 상황에서든지 하나님의 말씀을 최우선 순위에 두고 하나님의 뜻에 맞추어 살아야 한다.

다윗의 생을 살펴보면 언제든 하나님이 함께하셨다는 사실을 알 수 있다. 큰일은 하나님이 하신다. 사울을 다윗이 거한 동굴에 들여보내신 분도 하나님이시고, 수천 명의 군사가 몽땅 잠들게 하신 분도 하나님이시다. 그런 상황에서 다윗이 할 일은 겉옷 자락을 베고 창과 물병을 가져오는 것뿐이었다.

다시 한 번 기억하라. 우리 생에서 큰일은 하나님이 하신다. 어려운 일이 있으면 교회나 기도원에 가서 모든 문제를 하나님께 맡기고 기도하라. 큰일은 하나님이 하시도록 하나님께 맡기고, 우리는 기도하면서 하나님이 길을 여시는 대로 따라가면 된다. 이 땅에는 사울 같은 자가 수없이 많다. 일일이 상대해서 이길 수 없다. 하지만 내가 하려고 하지 않고 하나님께 맡기면 승리한다. 내가 할 일은 가만히 창과 물병을 가져오고, 겉옷 자락을 조금 베는 정도면 족하다.

하나님은 다윗의 삶을 통해
최악의 상황에서도
낙심과 무기력증에 빠지지 말고
하나님의 뜻을 드러내라고 가르치신다.
이는 성령의 능력으로 사는
하나님의 사람에게만 가능한 일이다.

07

하나님과 동행하는
고난도 영성
『다윗 2』

평소에는 잘 드러나지 않지만 위급한 순간이 오면
비로소 진가를 발휘하는 것이 경건의 능력이다.
다윗은 경건의 능력으로 두려움의 대상인 골리앗과 싸워 이겼고,
깊은 낙심의 밑바닥에서도 힘을 내어 일어섰다.

1. 난처한 상황, 도우시는 하나님

다윗은 사울이 자기를 죽이려고 계속해서 쫓아오자 고민 끝에 이스라엘을 벗어나 블레셋 지역으로 도망갔다. 다행히 가드의 아기스왕이 다윗을 받아주었는데, 이 사실을 알게 된 사울은 다윗 쫓기를 그쳤다. 그러던 중 이스라엘과 블레셋 사이에 전쟁이 일어났다. 다윗을 매우 신임하던 아기스왕은 다윗과 부하들도 함께 전쟁에 참가하라고 했다 (삼상 28:1).

참 난처한 일이었다. 사울왕을 두 번이나 살려주었고, 사울을 피해 도망 다니는 상황에서도 그일라 사람들을 구했던 다윗이 전쟁에서 자기 백성을 죽인다는 것은 있을 수 없는 일이었다. 더군다나 블레셋과 같은 편이 되어 이스라엘 군대와 싸운다면 다윗은 결국 사울왕을 죽이는 데 일조하게 되는 것이었다(당시 다윗은 몰랐지만 이 전쟁에서 사울과 요나단이 죽었다). 그러나 도망 다니던 자신을 받아주고 보호해준 아기스왕과의 의리 때문에라도 전쟁에 나가지 않을 수 없었다.

그런데 블레셋 방백들이 전쟁에 따라나선 다윗을 보고 노하여 아기스왕에게 다윗을 돌려보내라고 요구했다. 예전에 블레셋 사람들을 많이 죽였던 다윗이 전쟁 중에 돌연 대적으로 돌변할까봐 두려웠던 것이다. 아기스왕은 하는 수 없이 다윗을 전쟁터에서 돌려보냈다.

다윗의 입장에서는 참으로 다행스런 일이었다. 당시 다윗의 마음이 어떠했는지 정확히 알 수는 없지만, 만약 다윗이 그 전쟁에 참여했다면 이스라엘 백성을 공격했다는 비난이 평생 꼬리표처럼 따라다녔을 뿐 아니라 골리앗을 무찌르고 그일라 주민을 구했던 일이 다 물거품이 되고 말았을 것이다. 이런 상황을 아시기에 하나님은 다윗을 전쟁터에서 **빼내주셨다**.

우리도 살다 보면 이럴 수도 없고, 저럴 수도 없는 난처한 상황에 놓이게 되는 경우가 있다. 때로 어리석고 분별력이 없어 잘못된 판단을 하거나 문제를 일으키기도 한다.

그러나 우리를 사랑하시는 하늘 아버지께서는 난처한 상황을 내버려두지 않으시고 우리를 도우신다. 하나님은 의인의 길을 인도하시는 분이기 때문이다. 그래서 우리는 예측할 수 없는 앞날임에도 하나님을 믿고 담대히 나갈 수 있다.

2. 낙심을 이기는 경건

다윗을 생각할 때 가장 용맹스런 사건은 골리앗과의 싸움이다. 그러나 시글락에서 다윗이 보인 침착한 태도와 용맹스런 대처는 그야말로 다윗을 진정 다윗답게 만들었다.

다윗과 부하들이 전쟁터에 나갔다가 블레셋 방백들의 반대로 돌아오는 길이었다. 집에 돌아와 보니 아내와 자녀들이 보이지 않았다. 아말렉 사람들이 쳐들어와서 다 사로잡아 가고 성읍을 불태운 것이다(삼상 30:1-3). 이 처참한 모습을 본 그들은 울 기력이 남지 않을 만큼 소리 높여 울었다. 울다 울다 나중에는 힘이 없어 울지도 못할 정도였다. 이 울음은 아내와 자녀들을 잃은 슬픔 때문이기도 했지만 신세 한탄에서 나온 울음일 수도 있다.

늘 사울에게 쫓기다가 블레셋 땅에 들어가 살면서 이제 좀 안정되나 싶었는데 이게 웬일인가? 자기들의 생활 근거지인 성읍이 불타고 600명의 가족들이 다 사라졌다. 참 기가 막힐 노릇이었다. 다윗도 울고 백성들도 울었다.

그런데 울던 백성들이 슬픔이 극에 달하자 갑자기 다윗을 돌로 치려 했다. 다윗의 입장에서는 엎친 데 덮친 격이었다. 다윗은 이제는 사울이 아닌 동역자들의 돌에 맞아 죽을 위험에 처했다. 굉장히 다급한 상황이었다. 그러나 다윗은 하나님을 힘입어 용기를 얻었다.

다윗이 크게 다급하였으나 그의 하나님 여호와를 힘입고 용기를 얻었더라(삼상 30:6).

다윗은 다급한 순간에 하나님을 의지해 힘과 용기를 얻었다. 다윗의 경건의 능력이 발휘된 순간이다. 경건의 능력은 이럴 때 나타난다. 평소에는 잘 드러나지 않지만 위급한 순간이 오면 비로소 진가를 발휘하는 것이 경건의 능력이다. 다윗은 경건의 능력으로 두려움의 대상인 골리앗과 싸워 이겼고, 깊은 낙심의 밑바닥에서도 힘을 내어 일어섰다.

보통 상황이 이렇게까지 악화되면 그냥 무너지고 만다. "그동안 하나님만 의지하며 여기까지 왔는데…. 주님, 이럴 바에야 차라리 나를 죽이십시오" 하며 모든 것을 포기하고 싶을지도 모른다. 이럴 때 자포자기하지 않을 사람이 우리 중에 있을까? 여기서 다윗의 저력이 나온다. 다윗은 정말 신앙의 고수요 프로다. 신앙의 아마추어들은 조금만 어려움을 당해도 "하나님은 살아 계시나요? 왜 하필 나에게 이런 고난을 주십니까?" 하고 하나님을 원망하며 주저앉는다. 하지만 다윗은 최악의 상황에서도 포기하지 않고 힘을 내어 할 일을 다하는 모습을 보였다. 그는 골리앗 말고도 낙심이라는 또 다른 거대한 적도 쓰러뜨렸다. 그가 낙심 가운데 용기를 내자 하나님의 역사가 또다시 시작되었다.

혹시 지금 낙심이 되어 자포자기한 사람이 있는가? 의욕이 생기지 않더라도 다시 일어나라. 하나님은 우리를 돌보시는 분이기 때문이다. 우리가 당하는 어려움 가운데에도 하나님의 뜻이 있다. 스스로 망했다고 생각하지 말라. 믿음의 선배인 다윗은 그런 상황에서도 용기를 잃지 않았다. 때로는 사망의 음침한 길을 통과하지만 사망의 음침함만 보지 말고 그 이후를 생각하라. 사방이 꽉 막혀 있을 때, 낙심하여 소망이 없을 때 하나님을 통해 새 힘을 얻으라.

다윗은 이 군대를 추격하면 따라잡을 수 있을지 하나님께 여쭈었다. 반드시 따라잡고 가족들을 도로 찾으리라는 응답을 받은 다윗은 600명과 함께 길을 떠났다. 그런데 가는 도중에 200여 명이 피곤해서 못 가겠다며 뒤로 빠졌다. '뭐, 이런 일이 다 있나? 자기 가족을 구하러 가는데 힘들어서 못 가겠다고? 정말 더 이상 못하겠다'라는 마음이 들 수도 있다. 그러나 다윗은 나머지 400명과 함께 군대를 추격하러 갔다.

그때 하나님이 은혜를 베푸셨다. 가는 길에 애굽 소년을 만났는데 소년의 사연을 들어본즉, 자기는 아말렉 사람의 종인데 병들자 주인에게 버림받았다는 것이다. 바로 이 아말렉 사람들이 시글락을 불살랐다고도 했다. 사실 다윗은 누가 시글락을 공격해서 가족을 끌고 갔는지 몰랐다. 이제야 문제의 실마리를 찾은 다윗은 애굽 소년의 인도로 아말렉 군대를 찾아 그들을 쳐서 가족과 모든 물건과 가축을 되찾았다. 결국 이 승리의 배후에는 하나님이 계셨다.

주님의 일을 할 때 예기치 않은 어려움을 많이 만난다. 그래도 끝까지 주님의 일에 순종할 때 하나님은 놀라운 역사를 보여주신다.

형제들아 너희는 선을 행하다가 낙심하지 말라(살후 3:13).

하나님이 우리 편이신데 감히 누가 우리를 이길 수 있겠는가. 낙심하지 말고 끝까지 밀고 나가라. 힘든 상황이라면 하나님이 개입하실 때가 되었다는 사인으로 받아들여라. 도저히 옴짝달싹 못 할 상황, 이렇게 막히고 저렇게 막힌 상황, 그야말로 절망적인 상황일 때 '이제 하나님이 나타나실 때가 됐구나'라고 생각하며 도우시는 하나님을 기대하라. 우리 아버지이신 하나님은 절대로 우리를 내버려두지 않으신다. 그분이 바로 우리가 믿는 하늘 아버지시다.

그런데 "왜 하나님은 애초에 아말렉 사람들을 막아주지 않으셨나? 가뜩이나 힘든 다윗을 왜 이토록 더 힘들게 하셨나?"라는 질문이 생긴다. 우리는 그 이유를 정확히 알 수 없다. 그러나 분명한 것은 이 과정을 통해 다윗이 더욱 하나님의 사람으로 준비되었다는 사실이다. 사울을 피해 도망 다니고, 따르던 사람들에게 돌까지 맞을 뻔한 경험들이 훗날 다윗을 훌륭한 왕으로 만들었다.

"저는 요즘 너무 낙심됩니다. 주저앉고 싶습니다"라고 고백하는 상황에 처해 있다면 기억하라! 우리는 이 시간을 통해 더욱 하나님께 매달리게 되고 다른 사람의 아픔에 공감하며 장차 돌아갈 그 나라에 대한 소망을 가질 수 있다. 그러나 실낙원인 이 땅에서는 악한 마귀로 인해 계속 괴롭힘을 당한다. 어처구니없는 일, 후회스러운 일, 억울한 일이 수없이 반복된다. 그때마다 그냥 견디는 것이다.

훈련받을 때 왜 이렇게 힘든지, 왜 이런 훈련을 받아야 하는지 묻지 말라. 이 훈련을 통해 우리는 더 견고해진다. 답답하고 속상한 일이 마치 내게만 찾아오는 것처럼 생각하지 말고, 하나님이 기뻐하시는 일을 계속하라. 부조리와 모순의 세상, 마귀가 통치하는 세상에서 누구나 겪는 일이다. 이를 피해 가면서 천국에 이를 방법은 도무지 없다.

3. 거부에 따른 상실감 극복

블레셋과의 전쟁에서 사울과 요나단이 죽자, 다윗은 슬픈 노래를 지어 그들을 추모했다. 헤브론에서 7년 6개월 동안 유다를 다스린 다윗은 이제 이스라엘 장로들의 추대를 받아 이스라엘 왕이 되었다.

왕이 된 다윗은 이스라엘에서 뽑은 3만 명과 함께 바알레유다로 가서 하나님의 궤를 되찾아오려고 했다. 사울과 달리 다윗은 왕이 되자 법궤부터 가져오려고 했는데, 그만 절차를 간과해 레위인들이 메고 옮겨야 할 법궤를 소가 끌도록 했다. 그때 하나님의 궤를 실은 소들이 나곤의 타작 마당에 이르러 갑자기 뛰었다. 그 순간 웃사가 법궤를 붙잡는 바람에 하나님의 진노로 웃사가 죽고 말았다. 누구도 예상하지 못한 돌발 상황이었다. 결국 법궤를 가져오지 못한 다윗은 여호와의 궤를 가드 사람 오벧에돔의 집에 두었다(삼하 6:9-10).

다윗은 왜 그렇게 신중하지 못했는지 후회했을 것이다. 다윗성에 하나님의 궤를 모실 생각이 간절했는데 물거품이 되고 말았다. 게다가 웃사가 죽는 불상사까지 생겼으니, 다윗의 상실감은 매우 컸을 것 같다. 법궤를 모시는 것은 하나님을 모시는 것과 같은데, 이런 일이 생기고 나니 하나님께 거부당한 느낌을 받지 않았을까? 그런데 하나님이 오벧에돔의 집에 복을 내리셨다. 블레셋에서는 법궤가 가는 곳마다 재앙이 임했는데, 오벧에돔의 집에는 복이 임했다. 블레셋과 달리 하나님이 이스라엘 자체를 거부하신 것은 아니라는 사인이었다.

하나님이 여전히 이스라엘에 복 주시는 것을 본 다윗은 다시 법궤를 가져오기로 결심했다. 이런 점에서 다윗은 거부에 따른 상실감을 뛰어넘은 듯하다.

이번에는 제사장들이 법궤를 어깨에 메고 옮겼다. 먼저 여섯 걸음을 갔는데 아무 일이 없었다. 그래서 다윗은 소와 살진 송아지로 제사를 드리고 기뻐하면서 왕의 의복이 아닌 베로 만든 에봇, 정결함을 의미하는 제사장 같은 옷을 입고 춤을 추면서 갔다. 다윗뿐만 아니라 온 이스라엘 백성이 즐거이 환호하고 나팔을 불며 여호와의 궤를 맞았다. 다윗은 장막 가운데 미리 준비한 자리에 법궤를 두고 하나님께 번제와 화목제를 드렸다. 그리고 백성을 축복한 후에 떡과 고기와 건포도 떡을 나눠주었다(삼하 6:17-19).

다윗은 거부당한 듯한 부정적 감정을 극복하고 결국 하나님의 궤를 예루살렘으로 옮겨왔다. 상실감을 뛰어넘어 기뻐하며 다시 법궤를 모셔온 다윗에게서 신심으로 하나님을 사랑하는 모습을 볼 수 있다.

보통 일이 잘 안되면 하나님이 나를 인정하지 않으실 것 같다는 생각을 한다. 열심히 신앙생활을 하지 못할 때 더욱 그렇다. 그러나 이는 잘못된 생각이다. 하나님은 우리를 위해 독생자를 주시고 거룩한 성령님도 보내실 만큼 엄청난 복을 주셨는데, 왜 그런 하나님이 나를 무시하실 것이라고 생각하는가? 이것은 위로부터 오는 생각이 아니라 마귀에게서 온 생각이다. 우리는 하나님의 자녀이고, 하나님은 우리 아버지이시다. 하나님은 우리에게 기대를 갖고 계신다. 육신의 부모도 나에게 관심을 갖고 기대하는데 아무려면 독생자까지 내어주신 분이 우리에게 관심과 기대감이 없으시겠는가.

세상의 사랑은 조건적이지만 하나님의 사랑은 아무 조건 없는, '그럼에도 불구하고'의 사랑이다. 하나님은 우리의 행위와 관계없이 우리를 사랑하신다. 그동안 미지근하게 살았다 해도 하나님의 사랑은 변하지 않는다. 성경도 읽지 않고, 기도도 게을리하고, 주위 사람들을 돌보지 않았어도 그것 때문에 하나님의 사랑이 변하지 않는다. 내 행동이 잘못되어도, 고질적인 죄성이 드러나도 하나님은 변함없이 우리를 사랑하신다. 하나님이 나를 거부하신다는 것은 본인의 주관적 착각이다. 명심하라! 하나님은 평생 우리를 거부하거나 미워하지 않으신다.

4. 하나님 앞에서의 삶

기뻐하는 다윗 일행과 전혀 다른 반응을 보인 사람은 다윗의 아내 미갈이었다. 여호와의 궤가 다윗성으로 들어올 때 사울의 딸 미갈은 창으로 내다보다가 다윗왕이 뛰놀며 춤추는 것을 보고 심중에 그를 업신여겼다(삼하 6:16). 미갈은 다윗에게 이스라엘 왕이 어떻게 몸을 드러내며 춤을 추느냐고 비아냥거렸다. 그러나 다윗은 하나님 앞에서 춤추며 기뻐했다.

> 이는 여호와 앞에서 한 것이니라 그가 네 아버지와 그의 온 집을 버리시고 나를 택하사 나를 여호와의 백성 이스라엘의 주권자로 삼으셨으니 내가 여호와 앞에서 뛰놀리라(삼하 6:21).

다윗은 진실로 하나님 앞에서 살았다. 하나님을 기쁘시게 할 수만 있다면 사람들의 눈에 천하게 보인다 해도 상관없었다. 이 땅에서 하나님만 높임 받으실 수 있다면 자신은 아무렇게나 되어도 괜찮다는 마음이었다. 사도 바울도 "우리가 지금까지 세상의 더러운 것과 만물의 찌꺼기같이 되었도다"(고전 4:13)라고 고백했다. 헐벗고 굶주리고, 원수들에게 당하고, 자기를 때리는 사람을 오히려 축복하며 바보같이 살아도 괜찮다는 것이다. 우리도 다윗처럼, 바울처럼 하나님을 위해서라면 만물의 찌꺼기가 되어도 괜찮다는 마음으로 살아야 한다.

> 주의 궁정에서의 한 날이 다른 곳에서의 천 날보다 나은즉 악인의 장막에 사는 것보다 내 하나님의 성전 문지기로 있는 것이 좋사오니(시 84:10).

아무리 작은 일이라도 하나님의 이름과 관련되어 하는 일이라면 정말 귀하다. 그리스도인은 알아주는 사람이 없어도 하나님을 위해 기쁜 마음으로 섬기고, 하나님 때문이라면 자신은 어떻게 보이든 상관없다는 태도로 살아야 한다.

하나님의 임재를 상징하는 법궤가 들어왔지만 미갈에게는 아무런 감흥도, 감격도 없었다. 다윗과 이스라엘 백성이 흥분해 춤추며 즐거워할 때 그녀는 혼자 멀리 떨어져 싸늘한 시선으로 바라보며 비웃었다. 법궤가 들어온 것은 이스라엘이 하나님 나라의 백성 됨을 증명하는 것이며, 영적인 복이 다시 임한 순간이다. 남편 다윗은 너무 황송하고 감격스러워 어쩔 줄 모르는데, 아내인 미갈은 영적으로 싸늘하게 식어 다윗의 채신머리없어 보이는 춤을 보고만 있었다.

우리도 주님의 일을 미갈의 시선으로 바라보는 것은 아닌지 조심해야 한다. 영적으로 깊은 잠을 자다 보면 마땅히 즐거워하고 춤춰야 하는데 오히려 불만을 드러내는 경우가 있다. 교회 공동체가 모두 즐거워하고 감격하는데, 엉뚱한 것 한두 가지를 붙잡고 불만을 토로한다. 하나님을 기뻐하고 하나님을 기쁘시게 하는 일이 얼마나 큰 복인가!

혹시라도 우리 가운데 남편이나 아내가 주님의 일을 열심히 하는데 미갈처럼 비난하는 사람은 없는가? 미갈 같은 배우자, 미갈 같은 성도, 미갈 같은 직분자가 있다면 회개해야 한다. 아버지 사울처럼, 미갈도 우리에게 반면교사 노릇을 한 셈이다. 성경은 사울의 딸 미갈이 죽는 날까지 자식이 없었다는 말로 마무리된다. 미갈과 달리 우리는 하나님을 기뻐하여 춤춘 다윗처럼 살자.

하나님을 사랑하는 것과
죄를 짓는 것은 또 다른 문제
『다윗 3』

죄가 발전하기 전에 막고 도망가라.
마귀의 전략은 '조금씩'이다.
한 번에 많이 나가지 않는다.
마귀는 바보가 아니기 때문에
처음부터 강하게 밀어붙이지 않는다.
조금씩 마음을 어지럽힌다.

1. 다윗의 성전

하나님의 궤도 모셔오고 왕으로서 백향목 궁에 평안히 살게 된 다윗은 하나님의 궤가 휘장 가운데 있는 것이 마음에 걸렸다. 그는 선지자 나단을 불러 하나님의 궤를 모실 성전을 지을 뜻을 밝혔다. 하나님을 위해 성전을 지으려는 다윗의 마음을 보신 하나님은 다윗에게 복을 주셨다. 그러면서 하나님은 다윗을 통해 결국 메시아의 나라가 건축되기를 원하셨다.

네 집과 네 나라가 내 앞에서 영원히 보전되고 네 왕위가 영원히 견고하리라(삼하 7:16).

사울과 달리 다윗은 하나님의 집을 짓겠다는 기특한 생각을 했다. 다윗이 전심으로 하나님을 사랑하기 때문에 가능한 일이었다. 우리도 자발적으로 이런 기특한 생각을 해야 한다. 어린아이 단계를 벗어나 주님이 무엇을 기뻐하실지 찾아 행해야 한다(엡 5:10).

혹 "나는 성경도 읽고, 기도도 하고, 전도도 하고, 예배에도 잘 참석한다"고 말하는 사람이 있을지 모른다. 그렇기 때문에 괜찮을 거라고, 그것으로 충분하리라고 생각하지 말라. 이 시대에 하나님을 위해 무엇을 더 할 수 있을지 찾아보라. 다윗이 스스로 성전을 짓겠다는 생각을 한 것처럼, 우리도 주님을 기쁘시게 하는 일을 자꾸 생각해야 신앙생활이 재미있다. 패턴을 바꾸라. 마지못해 주어진 일만 하지 말라. 효자가 부모가 기뻐할 만한 일을 찾아 하듯이, 우리도 하나님이 흐뭇하게 여기실 만한 일을 찾아서 해야 한다.

그런 신앙을 가진 다윗에게 하나님은 복을 주셨다. 다윗을 통해 메시아 나라를 꿈꾸게 하셨고 열방이 복을 받게 하셨다. 솔로몬은 눈에 보이는 성전을 지었고, 다윗은 눈에 보이지 않는 메시아의 나라를 지었다. 그의 자손으로 예수님이 오셔서 메시아의 나라를 이루셨다.

다윗은 복을 약속하신 하나님께 감사했다. 은혜는 하나님이 베푸시는 것이고, 깨달아 아는 일은 우리의 몫이다. 다윗의 감사는 올바른 반응이었다. 얼핏 보면 다윗이 복을 받았기 때문에 감사하는 것 같지만 실은 그렇지 않다. 자신이 받은 복 때문이 아니라 깨달음 때문에 감사한 것이다. 감사할 조건이 널려 있는데도 깨달음이 없어 감사하지 못하는 성도들이 많다. 깨달음이라는 영적 눈을 가진 사람은 범사에 감사한다. 영적 고수만이 할 수 있는 일이다.

우리가 불평하는 까닭은 불평할 이유가 많아서가 아니라 심령이 불평으로 가득 차 있기 때문이다. 심령이 어린 자는 모든 일에 불평한다. 주변에 불평하는 사람이 있으면 자연스레 영향을 받는다. 불평을 잘하는 사람은 아무리 채워줘도 불평만 한다. 반면에 감사하는 사람은 어떤 상황에서도 감사한다. 은혜를 깨닫는 자는 감사의 전문가다. 보통 그 정도라면 원망할 법한 상황에서도 어떻게든 감사한다. 우리도 다윗처럼 은혜를 알고 감사하는 사람이 되자.

2. 최악의 범죄

하나님의 마음에 맞는 다윗이었지만, 유감스럽게도 다윗은 중한 죄를 범했다. 다윗의 범죄는 솔직히 없었으면 좋았을 죄였다.

다윗의 왕권이 어느 정도 안정된 후에 일어난 일이었다. 요압과 이스라엘 군대가 암몬 자손을 멸하고 랍바를 에워싼 때 다윗은 예루살렘에 머물러 있었다. 저녁 즈음에 침상에서 일어난 다윗은 왕궁 옥상에서 거닐다가 한 여인이 목욕하는 장면을 보고 그 여인이 누군지 알아보도록 지시했다.

그 여인은 전쟁에 나가 있는 군인 우리아의 아내 밧세바였다. 다윗은 그 여인을 궁궐로 데려오게 해 동침했다. 그는 고의적으로 간음죄를 범했으며, 이는 율법에 따르면 죽임을 당해야 할 죄였다.

그 후 밧세바가 임신한 사실을 전해들은 다윗은 자신의 죄가 드러나는 것을 막고자 한 가지 묘수를 떠올렸다. 전장에 나가 있는 우리아를 불러서 집으로 보내, 마치 밧세바가 남편 우리아의 아기를 가진 것처럼 꾸미려고 했다. 그런데 충신인 우리아는 요압과 왕의 부하들이 전장에 있는데 자기만 편하게 아내와 함께 잘 수 없다며 왕궁 문에서 밤을 보냈다(삼하 11:11). 그야말로 충신 중의 충신이다.

한 번 더 술을 먹인 뒤에도 우리아가 집에 내려가지 않자, 다윗은 우리아를 맹렬한 싸움에 앞세워 죽게 하라는 내용의 편지를 친히 우리아의 손에 들려 요압에게 보냈다. 요압은 왕의 명령대로 적의 용사들이 있는 곳에 우리아를 두어 죽게 했다. 이 정도면 다윗은 제정신이 아니다. 어떻게든 상황을 모면해보려다 결국 충신을 죽이고 말았다. 그 후 다윗은 우리아의 아내 밧세바를 왕궁으로 데려와 아내로 삼았다.

다윗이 행한 모든 일은 하나님이 보시기에 심히 악한 일이었다. 다윗이 목욕하는 여인을 쳐다볼 때 하나님은 그 여인을 보는 다윗을 보고 계셨다. 우리아의 아내인 것을 알면서도 왕궁으로 데려와 간음을 하고, 그 사실을 덮으려고 우리아를 죽게 한 다윗의 행위를 하나님은 다 아셨다. 사람은 겉으로 드러나는 것밖에 보지 못하지만 하나님은 속마음을 보신다.

여태껏 봐온 다윗은 정말 좋은 사람이었다. 이스라엘 군대가 두려움에 벌벌 떨 때 어린 다윗은 하나님의 이름으로 골리앗 앞에 담대히 나가서 그를 쓰러뜨렸다. 사울이 자신을 죽이려고 쫓아다녀 언제 죽을지 모르는 상황에서도 오히려 사울을 살려준 대단한 인물이었다. 노출되지 않도록 최대한 행적을 감추고 숨어 있어야 하는데도 자기 민족이 고통당하는 모습을 두고 볼 수 없어 그일라 사람들을 구원하기도 했다. 자기 가족뿐 아니라 600명의 가족이 아말렉 사람들에게 잡혀간 절망적 상황에서도 하나님을 힘입어 용기를 내어 적을 쫓아가 가족들을 구해왔다.

왕이 된 후에는 하나님의 궤를 가져오다가 웃사가 죽었지만 낙심하지 않고 다시 궤를 가져오는 데 성공해 춤추던 자였다. 게다가 하나님을 사랑하는 마음으로 여호와의 성전을 지으려 한 다윗이었다. 그랬던 그가 이렇게 악하고 잔인한 모습을 보이다니, 어떻게 이럴 수가 있는가? 믿을 수 없다.

안타깝게도 다윗은 중한 죄를 범한 악인이 되었다. 다윗의 모습을 보면서 정말 조심하고, 또 조심해야 함을 깨닫는다. 성적인 유혹이 이 정도로 강하다. 다른 어려움을 다 이겨낸 다윗 같은 사람도 상대가 안 될 정도다. 주위에서 사역을 잘하던 목회자가 성적 유혹을 이기지 못해 추락한 이야기를 듣기도 한다. 누구도 예외일 수 없다. 다윗 정도의 영성을 가지고도 넘어졌다는 사실이 이를 입증한다. 아무리 신앙이 좋아도 한순간에 뚝 떨어질 수 있다.

신앙은 액체와 같아서 얼마든지 흔들릴 수 있다. 다윗은 하한선 없이 깊이 추락했다. 다윗에게 죽임당한 우리아는 충신 중에서도 으뜸가는 충신이었다. 아내가 보고 싶어도 그 마음을 억누르고 다른 부하들과 함께 성문을 지키며 밤을 보낸 자다. 그런데 다윗은 그런 충신을 죽이고 그의 아내를 데려왔다. 사무엘하 11장은 다윗의 생애에서 아주 부끄러운 흑역사를 기록하고 있다.

성도들도 성적 유혹이 얼마나 무서운지를 알고 잘 방비해야 한다. 미혼일 때만 혼전 순결을 유지하며 조심해야 할 것이 아니다. 다윗은 유부남이었다. 결혼한 사람이라도 유혹에 걸려 넘어질 수 있다. 오죽하면 십계명의 제7계명이 "간음하지 말라"라는 말씀이겠는가. 이는 미혼뿐 아니라 결혼한 모든 사람에게 적용되는 말씀이다. 결혼 후에도 계속되는 유혹이자 큰 싸움이다.

3. 성적인 죄를 짓지 않으려면?

다윗이 저지른 일은 참 부끄러운 일이다. 다윗은 왜 이런 실수를 범했을까? 일반적으로 자매들보다 형제들이 성적 유혹을 더 조심해야 한다. 다윗의 범죄를 통해 우리가 배워야 할 3가지 교훈을 살펴보자.

시각 조심

다윗은 여인을 '보고' 음욕을 품었다. 가만히 있는데 음욕이 저절로 생긴 것이 아니다. 음욕은 눈으로 볼 때 생긴다.

저녁때에 다윗이 그의 침상에서 일어나 왕궁 옥상에서 거닐다가 그곳에서 보니 한 여인이 목욕을 하는데 심히 아름다워 보이는지라(삼하 11:2).

우리는 눈을 조심해야 한다. 우리 눈은 하루에도 수없이 많은 것을 본다. 그중에 음욕을 자극할 만한 것을 보지 않도록 조심해야 한다. 이 눈이 간음죄를 범하게 한다.

나는 너희에게 이르노니 음욕을 품고 여자를 보는 자마다 마음에 이미 간음하였느니라(마 5:28).

영화나 인터넷에 떠도는 동영상, 잡지 사진 등은 온통 음란물 투성이다. 최소한 다윗은 걸어가서 들여다봤지만 오늘날은 걸어갈 필요도 없다. 손가락만 움직이면 음란 동영상을 쉽게 볼 수 있는 현실을 살고 있다. 눈과 손가락이 합작하여 죄를 짓는다. 아이돌 가수, 인기 연예인들의 옷과 춤이 음란함을 연상시키기도 한다. 인기를 미끼 삼아 마귀가 뒤에서 조종한다. 이것을 단지 문화라는 이름으로 미화해서는 안 된다. 마귀는 그런 식으로 소중하고 고귀한 형제들의 마음을 유혹하여 무너뜨린다. 특히 형제들은 욥처럼 대처하는 것이 가장 좋은 방법이다.

내가 내 눈과 약속하였나니 어찌 처녀에게 주목하랴(욥 31:1).

늘 이 말씀을 묵상하라. 지나가다가 우연히 노출이 심한 여인을 보게 될 때 그것으로 끝나야 한다. 한 번 더 보려고 해서는 안 된다. 그렇게 하지 않는 것이 욥의 자세다. 의인 욥에게도 그런 마음이 일어났지만, 결단하여 성적인 유혹에 넘어지지 않도록 자기 눈과 약속했다. 자기 눈과 언약을 맺는 것이 가장 좋은 방법이다. 다윗이 밧세바를 보았을 때 그냥 지나쳤다면 얘기가 달라졌을 것이다. 그러나 다윗은 계속 쳐다보다가 결국 음란한 마음에 지고 말았다.

한가함 조심

한가함을 조심해야 한다. 다윗은 요압과 부하들을 전장에 내보낸 후 자신은 저녁에 침상에서 일어났다. 부하들이 전쟁터에 나가 싸우고 있으니 기도해야 할 상황인데, 다윗은 늦게 일어나 왕궁 옥상을 한가하게 거닐었다. 만약 다윗이 전쟁터에 나갔거나, 그 시간에 말씀을 읽거나 기도했다면 죄를 짓지 않았을 텐데, 그만 한가해서 죄를 짓고 말았다.

이런 면에서 우리는 말세에 할 일이 많은 이 땅에 태어난 것을 감사해야 한다. 한국 교회의 현 상황을 보면 손놓고 가만히 있을 수가 없다. 일주일에 4,000명씩 교회를 떠나는데 이단은 넘쳐나고, 목회자나 성도들이 죄를 지어 세상에서 비난받기도 한다. 우리나라뿐만 아니라 세계로 눈을 돌려도 할 일이 참 많다. 15억의 중국, 15억의 무슬림을 위해 많은 선교사를 보내야 한다. 또한 청년 중에서 지도자를 키워 영적 전투를 감당하게 해야 한다. 그리고 무엇보다 나 자신이 먼저 교회에서 조장, 팀장, 교사, 전도 대원이 되어 영적 실업자 신세를 면해야 한다.

1달란트를 받아 땅에 묻어두었던 사람은 나중에 책망을 받았다. 아무 일도 안 하고 있다면 책망 들을 일이다. 영적으로 할 일이 없어 한가하면 죄에 쉽게 노출된다. 죄지을 가능성이 크다. 결국에는 예수님 앞에서 책망받게 된다는 것을 기억하라. 하나님의 사람이라면 자신을 지나친 한가함 속에 버려두지 말고 힘이 다할 때까지 일할 수 있는 영적 일거리를 찾아야 한다. 하나님 나라의 일에는 은퇴가 없다. 평생 일할 주님의 일을 택하여 작은 일부터 당장 시작하라.

처음을 조심

죄는 점점 발전하기 때문에 처음에 조그마할 때 잡아야 한다. 한 번 넘어지면 더 깊이 빠져든다. 마귀는 간교하여 우리를 조금씩 조금씩 죄의 수렁으로 빠뜨린다.

> 욕심이 잉태한즉 죄를 낳고 죄가 장성한즉 사망을 낳느니라(약 1:15).

악에 대해 단호하라.

복 있는 사람은 악인들의 꾀를 따르지 아니하며 죄인들의 길에 서지 아니하며 오만한 자들의 자리에 앉지 아니하고(시 1:1).

따르고, 서고, 자리에 앉는다는 것은 완전한 결합, 일체화를 의미한다. 아주 작은 죄를 허용했다가 죄와 하나가 될 수 있다. 따라서 처음을 조심해야 한다. 요셉은 보디발의 아내가 날마다 동침하기를 청했지만 듣지 않았고, 아예 함께 있지도 않았다. 만약 요셉이 그 자리에 계속 있었다면 그도 넘어갈 수 있었을 것이다.

죄는 발전한다. 담뱃불은 쉽게 끌 수 있지만, 불씨가 커져 산불이 되면 끄기 어렵다. 처음에 죄가 나타날 때 단호하게 끊는 것이 중요하다.

악은 어떤 모양이라도 버리라(살전 5:22).

조금씩 허용하면 이내 무너진다. 악은 처음부터 허용도 하지 말고, 흉내도 내지 말아야 한다. 세상 사람들의 가치관, 문화, 행동 양식을 따르지 말고 아예 원천 봉쇄를 하는 것이 가장 지혜로운 방법이다.

죄가 발전하기 전에 막고 도망가라. 마귀의 전략은 '조금씩'이다. 한 번에 많이 나가지 않는다. 술도 처음에는 한 잔으로 시작하지만 결국 알코올 의존증까지 간다. 마귀는 바보가 아니기 때문에 처음부터 강하게 밀어붙이지 않는다. 조금씩 마음을 어지럽힌다. 평소에 음란한 것들을 차단해야 한다. 누구나 쉽게 그 죄에 넘어질 수 있다는 사실을 기억하라.

"목사님, 사실 직장에 있는 이성에게 관심이 생깁니다." 이러한 말을 하는 사람이 미혼이라면 괜찮다. 관심이 생기면 만나보고, 신앙이 맞으면 결혼하면 된다. 그러나 기혼자인데 다른 이성에게 관심이 생기기 시작했다면 빨리 도망가야 한다. 부서를 이동하거나 이직을 해야 한다. 만남을 아예 차단하여 죄의 싹을 뽑아버려야 한다. 오늘날 불륜으로 인한 가정 파탄이 얼마나 많은가. 그리스도인이라고 해서 자신을 너무 믿으면 안 된다.

교회에서도 마찬가지다. 교역자나 순장, 교사가 조원을 만나 돌보다 보면 관심이 생기거나 마음이 향할 수 있다. 그럴 때 어떻게 해야 하나? 다른 교회로 가라. '그래도 내가 돌보아야 할 양인데…'라고 생각하는가? 뭘 돌보겠다는 것인가? 이미 자격을 잃었다. 죄는 작은 것에서 시작된다. 더 만나서는 안 된다. 유혹에 자신을 내버려두지 말고 피 흘리기까지 싸워야 한다. 이런 정신이 필요하다. 그렇지 않으면 인생 망한다. 다윗도 그렇게 무너졌는데 우리라고 예외일 리 없다.

성경에서는 청년의 정욕과 싸우지 말고 피하라고 했다(딤후 2:22). 음란한 장소에 가서 음란하지 않겠다는 것은 말이 안 된다. 음란한 동영상을 보면서 '음란하지 말아야지' 하며 마음먹는 일이 가능하겠는가. 그냥 꺼라. 그러면 된다. 다윗 같은 영적 고수도 음란죄 앞에 무너졌는데, 우리라고 자유로울 수 있겠는가. 시체는 죄지을 일이 없다. 그러나 살아 있는 한 우리는 언제든지 죄를 지을 수 있다. 끊임없이 자기를 쳐서 복종시켜야 한다.

감사하게도 신약 시대에 사는 우리에게는 성령님의 능력이 있기 때문에 이 일이 가능하다. 물론 사람마다 약한 부분이 다르지만 성적인 유혹, 돈이나 명예의 유혹, 그 어떤 것이든 시험에 들지 않도록 깨어 근신하여 기도하면 된다.

필자는 대학 시절에 늘 이 말씀을 책상 앞에 붙여놓았다.

> 너는 청년의 정욕을 피하고 주를 깨끗한 마음으로 부르는 자들과 함께 의와 믿음과 사랑과 화평을 따르라(딤후 2:22).

한가하게 있다가는 죄짓기 쉽다는 사실을 명심하라. 영혼을 구원하는 기쁨과 성경을 연구하고 기도하는 즐거움을 얻으면 얻을수록 죄악의 쾌락을 멀리할 수 있다. 특별히 교회 공동체에서 주를 깨끗한 마음으로 부르는 자들과 함께 의와 믿음과 사랑과 화평을 좇으라. 주님이 기뻐하실 일을 열심히 행함으로 승리하라.

다윗의 모습을 보면서 정말 조심하고,
또 조심해야 함을 깨닫는다.
성적인 유혹이 이 정도로 강하다.
다른 어려움을 다 이겨낸
다윗 같은 사람도 상대가 안 될 정도다.
누구도 예외일 수 없다.

09

용서는 받아도
대가는 치른다
『다윗 4』

하나님이 나단 선지자를 통해
비밀스런 죄를 드러내 책망하셨을 때
다윗은 어떻게 반응했는가?
다윗에게 나단 선지자가 있었다면
오늘날 나에게는 누가 있는가?

1. 빨리 하는 회개

자기 잘못을 인정

하나님은 나단 선지자를 보내 다윗을 책망하셨다. 나단은 다윗왕에게 한 부자 이야기를 하면서 그의 죄를 드러냈다.

나단 : 한 성읍에 양과 소가 심히 많은 한 부자가 있었는데, 집에 손님이 오자 자기 가축은 아까워서 잡지 않고, 한 가난한 자의 딸 같은 유일한 암양 새끼를 빼앗아 손님을 대접했습니다.
다윗 : (화를 내면서) 이 일을 행한 그 사람은 마땅히 죽을 자라. 그 양 새끼를 4배나 갚아주어야 하리라.

나단: 당신이 그 사람이라!

나단은 계속해서 하나님의 말씀을 전했다.

내가 너를 이스라엘 왕으로 기름 붓기 위하여 너를 사울의 손에서 구원하고 네 주인의 집을 네게 주고 네 주인의 아내들을 네 품에 두고 이스라엘과 유다 족속을 네게 맡겼느니라…그러한데 어찌하여 네가 여호와의 말씀을 업신여기고 나 보기에 악을 행하였느냐…이제 네가 나를 업신여기고 헷 사람 우리아의 아내를 빼앗아 네 아내로 삼았은즉 칼이 네 집에서 영원토록 떠나지 아니하리라(삼하 12:7-10).

하나님이 나단 선지자를 통해 비밀스런 죄를 드러내 책망하셨을 때 다윗은 어떻게 반응했는가?

내가 여호와께 죄를 범하였노라(삼하 12:13).

다윗은 곧바로 자기의 죄를 인정했다. 비록 골리앗을 무찌르고 사울을 살려준 위대한 인물이었지만, 다윗도 죄를 범했다. 그런데 죄를 지적받았을 때 그는 즉시 회개했다. 분위기로 봐서, 나단의 이야기를 듣고 회개하기까지 기껏해야 1-2초 정도밖에 안 걸렸을 것 같다. 다윗은 구차하게 이러쿵저러쿵 변명하지 않았다. 회개는 이처럼 간단명료

하다. 길게 변명을 늘어놓는 것은 회개가 아니다.

　사울의 경우는 달랐다. 아말렉의 좋은 소유물을 남긴 것에 대해 사무엘이 책망하자 그는 하나님께 제사를 드리기 위함이었다고 변명했다. 이는 자기 죄를 인정하지 않는 태도다. 다윗도 사울처럼 변명하자면 얼마든지 둘러댈 수 있었다. 그 여인이 유혹한 것이라고, 하나님이 그런 환경을 주신 것이 아니냐고, 왜 하필 그때 일어나 그런 장면을 보게 하셨냐고 말이다.

　우리도 신앙생활을 하면서 하나님 탓을 하는 경우가 종종 있다. '왜 막아주지 않으시고 그 형제를 만나게 하셔서', '왜 하필 그런 환경을 만들어주셔서' 등 변명을 늘어놓곤 한다. 그러나 변명하지 말라. 요셉은 유혹의 상황에서 도망쳐 나왔다. 다윗은 죄를 지었지만 곧바로 자신의 죄를 인정했다. 구구절절 변명을 늘어놓지 않고 바로 회개했다. 이것이 하나님 앞에서 취할 올바른 자세다.

　내가 화를 낸 이유는 이것 때문이고, 내가 거짓말한 이유는 저것 때문이라며, 10개도 넘는 이유를 댈 수 있다. 그러나 중심을 들여다보면 정말 다른 이유가 있을 수 있다. 하나님은 중심을 보시기 때문에 잘못을 그대로 인정하는 사람을 용서하시고 사용하신다. 죄를 저지른 것이 빤한데 계속해서 잘못한 적이 없다고 우기던 사울은 하나님께 사용되지 못했다.

　우리도 죄를 빨리, 진실하게 고백하는 사람이 되어야 한다. 회개에 걸리는 시간과 영성은 반비례한다고 볼 수 있다. 회개까지 걸리는 시간이 짧을수록 영성이 뛰어난 사람이다.

선지자의 책망

다윗의 회개에 중요한 역할을 한 사람은 바로 나단이다. 아무리 선지자라 해도 왕의 잘못을 지적하고 책망하기란 쉽지 않다. 자칫 왕에게 죽임을 당할 수도 있다. 그러나 나단은 두려워하지 않고 왕에게 나아가 잘못을 지적했다.

나단이 용기를 냈기에 다윗의 은밀한 죄가 드러났다. 죄가 드러나야 회개한다. 자기가 저지른 일을 아무도 모를 것이라고 생각한 다윗은 그동안 나름대로 자기 합리화를 했을지 모른다. 하지만 나단을 통해 그는 회개할 기회를 얻었고, 회개함으로 하나님께 용서를 받았다. 그렇기 때문에 이후에도 계속 하나님께 사용될 수 있었다.

나단의 역할은 하나님과 다윗 사이에 막힌 통로를 시원하게 뚫어주는 것이었다. 오늘날 우리에게 이 같은 선지자는 없다. 다행히 주위의 신실한 형제자매가 나의 잘못을 지적해줄 수 있다. 그래서 우리에게 믿음의 좋은 공동체가 필요하다. 주위에 나를 지적해줄 수 있는 사람이 많을수록 안전하기 때문이다. 따라서 우리는 믿음의 형제자매들의 이야기를 귀담아들어야 한다. 결혼했다면 배우자의 조언을 잘 들어야 하며, 조장과 조원, 목사와 성도는 서로의 말을 경청해야 한다.

더 확실한 것은 성경에 기록된 하나님의 말씀을 듣는 일이다. 성경은 교훈과 책망과 바르게 함과 의로 교육하기에 유익하므로 성경을 가까이할수록 하나님의 사람으로 온전해진다(딤후 3:16-17). 성경을 얼마나 읽었는지, 성경을 어느 정도 연구했는지를 보면 신앙의 깊이를 알 수 있다. 모태신앙인 필자가 20년 동안 헤맸던 이유는 딱 한 가지, 성경을 몰랐던 탓이다. 교회를 다니고 봉사활동은 했지만, 성경을 제대로 공부하지 못했기 때문에 스스로를 말씀으로 교훈하고 책망하고 바르게 하고 의로 교육하지 못했다.

다윗에게는 나단 선지자가 있었지만 오늘날 우리에게는 성령의 검, 곧 하나님의 말씀이 있다. 하나님의 말씀을 사모하여 성경을 더 가까이하라. 필자의 주위에는 대학 시절에 이미 100독을 할 만큼 성경을 열심히 읽은 사람도 있다. 성경 읽기와 성경 연구에 더욱 힘쓰자.

우리가 여호와를 알자 힘써 여호와를 알자(호 6:3).

죄의 용서와 죄의 대가

다윗이 순식간에 죄를 인정하고 회개한 것도 놀랍지만, 하나님이 다윗을 용서하시는 장면도 놀랍다.

여호와께서도 당신의 죄를 사하셨나니 당신이 죽지 아니하려니와 (삼하 12:13).

얼마의 시간이 걸렸는지는 알 수 없지만, 다윗이 죄를 인정하고 회개하자 하나님은 지체 없이 나단을 통해 죄를 사해주셨다. 회개도, 죄 사함도 그야말로 초특급이다.

그런데 뒤이어 나오는 나단의 말이 의미심장하다.

> 이 일로 말미암아 여호와의 원수가 크게 비방할 거리를 얻게 하였으니 당신이 낳은 아이가 반드시 죽으리이다(삼하 12:14).

다윗의 죄로 말미암은 결과는 다윗 스스로 감당해야 한다는 말이다. 우리는 죄의 용서와 죄의 결과를 잘 분간해야 한다. 죄를 용서받아도 저지른 죄에 따른 결과는 자기 몫이다.

가령 어려운 자격시험 공부를 하는 사람이 공부는 하지 않고 술 마시고 밤낮 놀며 방탕하게 지냈다고 하자. 그러다가 하나님이 주신 시간과 건강을 잘 사용하지 못한 잘못을 뉘우치고 회개한다면, 하나님이 그 회개를 받으시고 그를 용서하신다. 하지만 그가 용서받았다고 해서 단번에 시험에 합격하는 것은 아니다. 방탕한 생활을 하느라 공부하지 않은 결과는 자기 몫이다. 그가 노는 동안에 열심히 공부한 다른 사람과 결과가 같을 수는 없다. 그때 회개했는데 왜 이런 결과가 나왔느냐고 하나님을 원망해서는 안 된다. 하나님이 떨어뜨리신 것이 아니라 자기가 공부를 안 해서 떨어진 것이다.

밤새도록 게임을 하던 사람이 몸이 망가진 후 회개하더라도 이미 망가진 몸은 어쩔 수 없다. 회개하고 예수님을 믿어 죄 용서를 받았어도 과거의 죄에 따른 결과는 남기 때문이다.

따라서 아예 죄를 짓지 않는 것이 중요하다. 그러기 위해서는 늘 성경을 가까이하면서 기도해야 한다. 그러면 인격도 바뀌고, 성품도 변화되고, 성경의 가치관을 따라 살 수 있다. 여기에 전도의 경험, 리더로 섬긴 경험을 더하면 성숙한 인격을 갖춘 신앙인이 된다. 구원의 귀한 복음을 전해주면서 거절당하는 경험을 많이 하다 보면 마음이 낮아져 겸손해지기 때문이다. 또한 리더로서 조원을 돌보다 보면 자신의 연약한 부분을 발견하게 되고, 다른 사람을 이해하는 폭이 넓어져서 대인관계의 지혜를 터득할 수 있다. 하나님은 이런 자에게 은혜를 베푸시고, 이런 자를 귀히 쓰신다.

2. 아들의 반역

반역한 이유

다윗의 생애에서 가장 어려운 사건 중 하나는 아들 압살롬의 반역이었다. 다윗에게는 아내가 여러 명 있어 아들이 많았는데, 그중 큰아들 암논이 이복형제인 압살롬의 누이 다말을 사랑하여 상사병에 걸렸다. 다윗의 형 시므아의 아들 요나답은 심히 간교한 자로, 안달이 난 암논을 부추겼다.

요나답의 계교대로 암논은 병든 체한 후 다말이 와서 자신을 간호해주기를 왕에게 청했다. 이런 음모를 모르는 아버지 다윗은 다말에게 이복 오빠 암논의 집에 가서 음식을 차려주라고 명했다.

암논의 집에 도착한 다말은 과자를 구워 암논에게 주러 방에 들어갔다가 그만 힘센 암논에게 강제로 성폭행을 당하고 말았다. 그리고 나서 암논은 오히려 다말을 심히 미워하였고, 하인을 불러 다말을 문밖으로 쫓아냈다. 성폭행도 나쁜데, 암논은 그 악에 악을 더했다.

보통 형제들은 자매의 신비로움에 매력을 느끼다가 결혼 전에 성관계를 하고 나면 마음이 식어 관계를 정리하는 경우가 많다. 이것이 인간의 죄성이다. 암논도 마찬가지였다. 상사병에 걸릴 정도로 다말을 사랑하다가 강제로 성관계를 하고 나서는 마음이 금세 식어버렸다. 그는 곧바로 다말을 미워했는데, 그냥 미워한 것도 아니고 전에 사랑하던 것보다 더 미워했다. 그래서 다말을 내쫓아버렸다.

다윗은 이 모든 일을 듣고 심히 노했지만 가만히 있었다. 노했으면 암논에게 벌을 내리고 다말을 책임지게 했어야 하는데 아무 조치도 하지 않고 화만 내고 끝났다. 이것이 다윗의 큰 잘못이었다.

속으로 품는 분노

압살롬은 암논이 그의 누이 다말을 욕되게 하였으므로 그를 미워하여 암논에 대하여 잘잘못을 압살롬이 말하지 아니하니라(삼하 13:22).

압살롬은 자기 누이동생을 욕보이고 쫓아낸 이복형 암논에 대해 몹시 분노했다. 죽이고 싶었지만 겉으로는 전혀 분노를 드러내지 않았다. 사실 이렇게 속으로 분노를 품는 사람이 정말 무섭다.

만 2년 동안 압살롬은 속마음을 철저히 숨겼다. 분노는 쓴 뿌리가 되어 사람을 좀먹고 마귀의 종이 되게 한다. 2년 후 압살롬은 결국 암논을 죽이고 외국으로 도망갔다. 물론 압살롬에게는 암논을 죽일 만한 명분이 있었지만, 그렇다고 해서 암논을 직접 죽일 것이 아니라 그를 만나 따지든지, 아버지에게 재판을 요구했어야 했다.

어쨌든 압살롬의 행동은 나빴지만 그래도 아버지 다윗은 도망간 압살롬을 사랑하여 그리워했다. 이를 눈치챈 요압이 다윗과 압살롬 사이를 중재하여 그술에 있던 압살롬을 데려왔다. 그런데 정작 다윗은 돌아온 압살롬을 만나주지 않았다. 이전에 다윗은 죄를 지은 암논에게 아무 조치도 취하지 않았고, 이번에는 3년간 외국에 있다가 돌아온 압살롬을 만나주지 않아 사태를 악화시켰다. 예루살렘에 돌아와 2년을 머문 압살롬은 계속 아버지를 만나지 못하게 되면서 분노가 한층 더 차올랐다.

재차 요압의 중재로 부자지간의 상봉은 이루어졌지만 아버지의 신뢰를 얻지 못한 불만과 아버지의 처사에 대한 분노를 품은 압살롬은 반역을 준비했다. 그는 먼저 성문 길 곁에서 백성의 송사를 가로채면서 이스라엘 사람들의 마음을 훔쳤다. 4년 후에 그는 결국 반역하여 헤브론에서 왕이 되었고, 다윗의 모사 아히도벨뿐 아니라 많은 백성이 그를 따랐다.

이스라엘의 민심이 급속히 압살롬에게 돌아간 사실을 알게 된 다윗은 가족과 신하들을 데리고 황급히 도망쳤고, 압살롬은 다윗 왕궁에 들어가 나라를 장악했다. 곧바로 다윗과 그의 신하들을 추적하려던 압살롬은 아히도벨 대신 다윗의 충신인 후새의 계략을 따르는 바람에 그만 다윗을 놓치고 말았다. 압살롬이 시간을 허비하는 사이, 다윗과 그를 따르는 사람들은 재빨리 요단을 건너 부하들을 재정비하여 압살롬 군대와 싸웠다.

전투 중 압살롬은 노새를 타고 큰 상수리나무 쪽으로 가다가 긴 머리카락이 가지에 걸려 매달렸고, 이 모습을 본 요압이 달려와 압살롬을 죽였다. 사실 압살롬은 죽을 수밖에 없었다. 아버지를 죽이고자 하는 분노로 가득한 그가 왕이 되었다면 나라의 운명이 어떻게 되었을까? 하나님이 그런 자에게 이스라엘을 맡기실 리 없다.

압살롬이 너무도 어이없게 죽은 것은 하나님의 벌이다. 압살롬의 아버지 다윗은 하나님의 기름 부음을 받은 자다. 다윗은 사울이 기름 부음 받은 자라 손도 대지 않았는데, 압살롬은 기름 부음 받은 아버지를 죽이겠다고 덤볐으니 온전할 수 있었겠는가. 그는 자기 내면에 있는 쓴 뿌리로 인해 분노의 인생을 살다가 허무하게 죽임을 당하고 말았다.

3. 다윗의 대처

전쟁이 끝나자 다윗은 예루살렘으로 복귀했다. 아들 압살롬에게 쫓겨 도망갔다가 돌아오는 일련의 과정을 통해 우리가 다윗에게서 배울 점이 많다.

하나님께 맡김

다윗은 압살롬을 피해 도망갈 때 하나님이 어떤 처분을 내리셔도 그대로 따르겠다고 했다. 다윗이 성을 빠져나올 때 제사장 사독과 아비아달이 언약궤를 가지고 따라왔지만, 다윗은 성읍으로 도로 메어 가라고 하면서 하나님의 선하신 인도를 따르겠다고 했다(삼하 15:25-26). 하나님이 원치 않으시면 평생 도망자로 살겠다는 뜻이다.

사울에게 쫓겨다니다가 이제는 아들 압살롬에게 쫓기게 되었고, 백성은 등을 돌렸으며, 충신 아히도벨은 자신을 배반했으니 더 이상 무슨 말을 하겠는가?

이런 상황에서 다윗은 최악의 순간을 그대로 받아들이고 하나님이 하시는 대로 자신을 내맡겼다. 오직 하나님의 은혜만을 바라며 하나님의 처분에 순종하려고 했다.

때로 '왜 나는 늘 재정의 어려움을 겪어야 하나?', '왜 나는 스펙이 좋지 않을까?', '왜 나는 이런 가정에서 태어났을까?' 하고 원망스러울 수 있다. 그러나 불평하지 말고 다윗처럼 그 상황을 하나님 앞에서 받아들여야 한다. 최악의 상황일지라도 불평 없이 그대로 받아들인 다윗의 신앙을 본받자.

감정보다 신앙

온 백성이 울고불고 난리가 난 상황에서도 다윗은 온갖 지혜를 발휘해 다음 일을 냉정하게 처리했다. 먼저, 그는 사독과 아비아달에게 하나님의 궤를 도로 예루살렘에 갖다놓고, 그들의 아들들과 함께 성읍으로 돌아가서 자기에게 상황을 전달하도록 지시했다(삼하 15:27-28). 옷을 찢으며 다윗을 맞으러 온 후새에게는 돌아가서 압살롬 편에서 아히도벨의 모략을 패하게 하라고 명했다. 실제 후새는 당장 다윗을 쫓아가자는 아히도벨의 계략을 무너뜨려서 다윗이 도망칠 시간을 벌어주었다.

이렇듯 다윗은 아들이 자기를 죽이려 하고 측근들에게 배반을 당한 상황에서도 감정적으로 흔들리지 않고 대안을 마련할 정도로 심령이 강건한 사람이었다. 감정에 휘둘려 자기 본분을 잃지 않았다. 자기 감정을 통제함으로써 최악의 순간에도 감정에 자신을 맡기지 않고 하나님을 의지했다. 하나님과 동행하는 자의 단단한 마음을 보여주었다.

힘든 상황에 놓였을 때 감정에 따라 움직일지 아닐지는 스스로 결정하는 것이다. 그런데 요즘 사람들은 감정에 모든 것을 맡기는 경향이 있다. 자기 감정에 따라 잠수를 탄다. 의욕이 떨어지면 조장도, 전도 팀원도 다 내려놓는다. 부부 싸움을 할 때도 감정에 따라 배우자에게 할 말, 못할 말 가리지 않고 막 퍼붓는다. 자기 감정이 제일 중요하다. 그러나 신앙인은 감정이 아무리 격해져도 신앙으로 감정을 다스려야 한다.

비난에 대한 인내

다윗은 도망가는 중에 사울의 친족인 시므이를 만났다(삼하 16:5). 시므이는 다윗과 그의 신하들을 향해 돌을 던지며 저주를 퍼부었다. 비록 쫓기는 상황이지만 상대는 전쟁에서 용맹을 떨쳤던 왕과 왕의 용사들인데, 시므이는 너무나도 용감하게 저주를 퍼부었다. 그는 다윗이 사울 족속의 피를 흘린 자이므로 화를 자초하여 나라가 압살롬에게 넘어갔다면서 다윗을 쫓아가면서 비난했다(삼하 16:7-8).

이런 어처구니없는 광경에 아비새는 시므이를 죽이겠다고 나섰다. 하지만 다윗은 하나님이 시므이에게 저주하라고 명령하신 것이라며 그를 만류했다.

> 내 몸에서 난 아들도 내 생명을 해하려 하거든 하물며 이 베냐민 사람이랴 여호와께서 그에게 명령하신 것이니 그가 저주하게 버려두라 혹시 여호와께서 나의 원통함을 감찰하시리니 오늘 그 저주 때문에 여호와께서 선으로 내게 갚아 주시리라(삼하 16:11-12).

다윗은 시므이의 저주를 하나님이 허락하신 것으로 받아들였다. 실제로 하나님이 명하신 것은 아니겠지만 자신이 이런 비난을 받아 마땅하다고 여긴 것이다. 그래서 시므이가 계속 자신을 저주하도록 내버려두었다. 그리고 하나님의 공의를 생각하며 자신의 원통함을 헤아려주실 하나님을 바라보았다.

시므이의 모습은 죽으려고 작정한 자의 모습과도 같았다. 그가 산비탈로 따라가며 저주를 퍼부은 대상인 다윗이 누구인가? 이스라엘의 왕이며, 그와 함께한 자들은 막강한 군인들이다. 가뜩이나 어려운 상황인데 이런 야비한 자가 나타나 얼토당토않은 저주를 퍼붓고 있다니!

다윗의 말 한마디면 단숨에 그를 처리하고도 남을 용감한 부하들이 곁에 있지만, 다윗은 자신의 허물을 떠올리며 그 상황을 받아들였다. 그리고 이런 수모를 당하는 처지임에도 자신을 향한 하나님의 공의와 사랑을 잊지 않았다. 하나님의 사랑을 받는 자가 이런 모욕을 당하는 것을 하나님이 가만두지 않으시리라 믿었다. 보배 같은 믿음이 드러나는 순간이다.

성자 같은 다윗 덕분에 시므이는 죽지 않고 살아남았다. 이 땅에는 시므이 같은 사람이 의외로 많다. 터무니없는 주장을 하며 책임을 뒤집어씌우는 사람, 없는 얘기를 만들어 비방하는 사람 말이다. 인생길에서 우리는 어쩔 수 없이 그런 사람들을 만나게 된다. 이때 낙심할 것이 아니라 다윗이 보여준 믿음, 즉 하나님은 사랑하는 자녀가 억울한 일을 당하도록 내버려두지 않으신다는 믿음을 가져야 한다. 하나님이 나의 억울함을 갚아주실 것을 믿어야 한다.

다윗은 최악의 상황에 직면했다. 남도 아닌 아들에게 쫓겨 울면서 맨발로 걸어가는데 돌이 날아오고 저주가 쏟아졌다. 그런데도 하나님을 온전히 신뢰했다. 억울한 상황에서도 하나님만 바라보고 견디며

후일에 하나님이 갚아주실 것을 믿는 다윗의 신앙, 우리는 이런 신앙을 본받아야 한다.

나그넷길을 가며 억울하고 속상한 문제에 부딪히지만, 하나님이 우리를 사랑하신다는 사실은 언제나 변하지 않는다. 하나님은 우리에게 인자하신 분이다. 그 하나님을 신뢰하면서 낙심하지 말고 끝까지 믿음을 발휘하라. 하나님은 하나님의 자녀를 비참하고 초라하게 두지 않으실 것이라는 믿음을 끝까지 간직하라.

10

지혜를 꺾는
많은 여인의 연합된 힘
『솔로몬』

지혜가 많은 것과 영적으로 깨어 있는 것은 별개다.
궁극적으로 솔로몬은 지혜는 많았지만
하나님의 영이 충만하지 않았다.
아내들이 다 우상을 숭배하는 여인들이었으니,
결국 무너질 수밖에 없었다.
그 많은 후궁과 첩이 만들어낸 문화와 삶,
조언들이 결국 솔로몬을 무너뜨렸다.

1. 지혜를 얻은 자

다윗에 이어 이스라엘 왕이 된 솔로몬은 하나님을 사랑하고 아버지 다윗의 법도를 행했다. 아직 성전이 없어서 기브온으로 간 그는 산당에서 하나님께 천 마리의 제물을 바치는 일천 번제를 드렸다. 그러자 하나님이 꿈에 나타나 "내가 네게 무엇을 줄꼬 너는 구하라"(왕상 3:5)라고 말씀하셨다. 이에 솔로몬은 백성을 잘 다스릴 수 있는 분별력을 구했다.

누가 주의 이 많은 백성을 재판할 수 있사오리이까 듣는 마음을 종에게 주사 주의 백성을 재판하여 선악을 분별하게 하옵소서(왕상 3:9).

하나님은 솔로몬의 이 간구가 마음에 드셨다. 그래서 솔로몬이 구한 지혜와 총명은 물론이고 그가 구하지 않은 부귀와 영화, 장수까지 주겠다고 약속하셨다. 장수는 구약 시대의 큰 복이다. 솔로몬이 부귀영화를 구했다면 그것만 얻었을 텐데, 지혜와 총명을 구하니 거기에 다른 복까지 더해졌다.

우리는 기도할 때 하나님이 기뻐하실 일을 먼저 구해야 한다. 세상 사람들처럼 먹고사는 일만 구할 것이 아니다. '먼저' 어떻게 하면 교회가 부흥할지, 어떻게 하면 하나님 나라가 확장될지를 생각하고 구해야 한다. 그 일에 우리의 생과 시간을 '먼저' 투자해야 한다. 먹고사는 문제는 하나님이 책임져주겠다고 약속하셨다(마 6:33). 이렇게 든든한 약속을 받았는데 먹고사느라 예배를 등한시하고 그리스도인이 마땅히 할 일을 뒤로 미루어서는 안 된다.

그런데 성경을 읽다 보면 간혹 이런 생각이 든다. '왜 하나님은 솔로몬에게만 직접 나타나시고 내게는 한 번도 나타나지 않으실까?' 이유는 간단하다. 우리에게는 이미 변하지 않는 약속을 주셨기 때문이다. 구하면 응답하겠다고 친히 약속하셨으니 구태여 하나님이 직접 나타나실 필요가 없다.

지금까지는 너희가 내 이름으로 아무것도 구하지 아니하였으나 구하라 그리하면 받으리니 너희 기쁨이 충만하리라(요 16:24).

이처럼 약속의 말씀을 주셨으니까, 우리는 하나님이 나타나시기를 기다릴 필요 없이 기도만 하면 된다. 기도하면 분명 응답받는다. 당장 응답이 없다면 기다려야 한다. 하나님께 계속 끈질기게 간구하라. 그런데 기도를 의무로 생각해서 아침에 일어나서 잠깐 기도하고, 자기 전에 잠깐 기도하는 사람이 있다. 기도는 의무가 아니라 성도만이 누릴 수 있는 특권이다.

"그런데 기도해봐야 이뤄지지도 않던데요?"라고 질문할 수 있다. 이것이 우리의 한계다. 하나님께 간구하면 하나님은 "Yes" 또는 "No"로 응답하신다. 그러나 하나님의 응답에는 기다림, 즉 "Wait"도 있다. 그중에 무엇이 되었든지 하나님은 우리에게 가장 좋은 것으로 응답하신다. 하나님의 뜻이라고 생각하고 간구했다면 응답이 없다고 금방 낙심할 일이 아니다.

> 너희 중에 여호와를 경외하며 그의 종의 목소리를 청종하는 자가 누구냐 흑암 중에 행하여 빛이 없는 자라도 여호와의 이름을 의뢰하며 자기 하나님께 의지할지어다(사 50:10).

아무런 빛도 보이지 않는 절망 가운데 있어도 하나님을 의지하라는 말씀이다. 혹시 기도하다가 포기해버린 기도 제목이 있는가? 그것이 욕심이 아니라면 계속 기도하라.

과연 하나님은 솔로몬의 간구대로 그에게 지혜를 주셨다. 유명한 솔로몬의 재판 장면을 보면 솔로몬에게 주신 하나님의 지혜가 돋보인다.

어느 날 창기 두 여자가 왕에게 나와 판결을 의뢰했다. 두 여자가 한 집에 살면서 비슷한 시기에 각각 아들을 출산했는데, 한 여자가 밤에 자다가 그만 아이 위에 누워 아이가 죽자 다른 여자의 아이와 바꿔치기를 한 사건이었다. 두 여자가 살아 있는 아이가 서로 자기 아들이라고 주장했는데, 둘 중 한 명은 분명 거짓말을 했다. 요즘 같으면 DNA 검사 한 번으로 끝날 일이지만 당시에는 해결하기가 참 난처한 사건이었다. 사연을 들은 솔로몬은 칼을 가져와 아이를 쪼개어 반으로 나눠 가지라고 했다.

솔로몬의 해법이 대단한 지혜처럼 보이지 않을 수 있다. 하지만 그렇게 단순하게 볼 문제가 아니다. 솔로몬 앞에 서 있는 두 여자는 당시 가장 비천한 처지인 창기들이다. 그야말로 더 이상 잃을 것이 없는 인생들이다. 둘 중 하나는 왕 앞에 나와 없는 이야기를 꾸며내면서 우기고 있었다. 둘 다 감정이 상당히 격앙되어 있는 상태였다. 이런 정황, 이런 심리 상태에서 칼로 아이를 자르라고 할 때 "자르십시오"라고 말할 사람이 어디 있겠는가. 그렇게 답하는 순간, 자신이 가짜 엄마임이 단번에 드러날 것이기 때문이다. 그런데 솔로몬의 명령이 떨어지자마자 가짜 엄마는 "그러시오!" 하고 대답했다. 이로써 가짜가 누구인지 너무나 명확해졌다.

그런데 이것을 왜 지혜롭다고 칭찬하냐면, 솔로몬이 가짜 엄마의 극단적인 심리 상태를 잘 읽어 그녀의 입에서 "아이를 반반 나누게 하십시오"라는 말을 끌어냈기 때문이다. 전체적인 상황을 판단하고 심리까지 분석하는 통찰력으로 진짜 엄마를 찾아낸 것이다. 이것이 솔로몬의 지혜다.

죄 많은 세상을 살아가는 우리에게도 하늘의 지혜가 필요하다. 비둘기처럼 순결하기만 할 것이 아니라 뱀처럼 지혜로워야 한다. 그렇지 않으면 밤낮 사기당하고 죄에 걸려 넘어질 수 있다. 지혜와 분별력이 있어야 이 악한 세상을 잘 헤쳐 나갈 수 있다. 세상 사람들은 거짓말을 잘해도 그리스도인인 우리는 진실만 얘기하기 때문이다. 그러므로 모든 것을 아시는 하나님 앞에서 우리가 합당하게 살 수 있도록 지혜를 구해야 한다. 이 지혜는 하나님이 주신다.

주의 계명들이 항상 나와 함께하므로 그것들이 나를 원수보다 지혜롭게 하나이다(시 119:98).

하나님이 이 네 소년에게 학문을 주시고 모든 서적을 깨닫게 하시고 지혜를 주셨으니 다니엘은 또 모든 환상과 꿈을 깨달아 알더라(단 1:17).

우리 주 예수 그리스도의 하나님, 영광의 아버지께서 지혜와 계시의 영을 너희에게 주사 하나님을 알게 하시고(엡 1:17).

지혜는 하나님께로부터 온다. 하나님은 우리가 간구할 때마다 지혜와 분별력을 주신다. 물론 솔로몬은 하나님께 지혜를 구하기 전에도 지혜로웠던 것 같다. 다윗이 죽기 전에 요압에 대해 주의를 줄 때 "네 지혜대로 행하여"(왕상 2:6)라고 말한 것이나, 시므이에 대해 경고할 때 "너는 지혜 있는 사람이므로"(왕상 2:9)라고 말한 것을 보면 말이다. 그러나 솔로몬이 지혜를 구하니 하나님이 더 부어주셔서 왕으로서 백성을 다스리는 일을 잘 감당할 수 있었다. 우리도 솔로몬처럼 더 많은 지혜를 간구하자.

2. 성전을 건축한 자

시간이 흘러 이스라엘 자손이 애굽 땅에서 나온 지 480년이 되었다. 솔로몬이 이스라엘의 왕이 된 지 4년째였다(주전 970-960년경). 솔로몬은 다윗이 준비한 성전을 짓기 시작했다.

구약 시대에 성전 건축은 매우 중요했다. 성전은 하나님이 임재하시는 장소이고, 그곳에서만 예배를 드릴 수 있었기 때문이다. 이스라엘의 모든 남자는 1년에 세 차례 성전에 가서 예배드려야 했다. 그런데 지금까지 이스라엘에 성전이 없었다. 이를 안타깝게 생각한 다윗은 성전을 지으려고 했으나 하나님이 허락하지 않으셨고, 그 아들 솔로몬을 통해 성전을 짓도록 하셨다.

솔로몬은 정성을 다해 7년에 걸쳐 성전을 완공했다. 이스라엘은 성전을 중심으로 하는, 확실한 하나님의 백성임을 공개적으로 드러내게 되었다. 또한 하나님을 모시고 사는 하나님 나라의 백성이라는 자부심도 갖게 되었다.

우리가 솔로몬의 성전 건축을 보면서 생각할 점은 두 가지다.

첫째, 신약 시대에 들어오면 하나님은 성전에만 계시지 않고 믿는 자들과 함께 계신다. 구약 시대의 성전은 예루살렘에 있었지만, 신약 시대의 성전은 바로 예수님을 믿는 우리다. 우리 한 사람, 한 사람이 모두 성전이다.

> 그의 안에서 건물마다 서로 연결하여 주 안에서 성전이 되어 가고 (엡 2:21).

이 말씀은 우리가 성전이라는 뜻이다. 요즘은 큰 교회에서 각 교회 건물을 가리켜 '제1성전', '제2성전'이라고 부르는데, 이는 잘못된 용어 사용이다. '예배당'이라는 말은 맞지만 '성전'이라는 표현은 옳지 않다. 주님이 우리 안에 계시므로 우리가 바로 성전이다. 예루살렘 성전에 하나님이 임재하셨을 때 그분의 영광이 드러난 것처럼, 우리 안에 하나님이 임재하실 때 하나님의 영광이 드러난다.

성령 충만하지 못하면 우울하며 근심이 얼굴에 묻어난다. 성령 충만하면 힘이 있고 얼굴이 빛난다. 성령이 역사하시면 나의 삶을 통해 하나님의 영광이 드러난다.

둘째, 오늘날 우리는 이런 식의 성전 건축을 하지 않는다. 솔로몬은 눈에 보이는 성전을 건축했지만, 우리는 눈에 보이지 않는 성전을 건축한다.

죽기 전에 교회 건물을 30개 짓는 것이 꿈이라고 말하는 사람도 있다. 그 꿈도 귀하지만, 예배당을 짓는 것보다 더 급한 일이 있다. 건물 말고 진짜 성전을 지어야 한다. 먼저 하나님을 믿지 않는 30명, 50명, 혹은 100명을 거듭나게 하는 것이 급선무다. 그것이 교회 건물 100개를 짓는 것보다 더 중요하다.

솔로몬이 성전을 건축하듯이 우리도 전도하면서 성전을 건축할 수 있다. 예수님을 모르는 사람에게 주님을 소개해서 그가 주님을 영접하면, 이 땅에서 성전 하나를 건축하는 것이다. 우리는 계속 그러한 성전을 건축해가야 한다. 죄의 종으로 살던 자가 어둠에서 벗어나 영생의 소망 가운데 살 수 있도록 잘 이끌어야 한다.

눈에 보이는 건물이 완성되어도 만족스럽고 뿌듯한데, 눈에 보이지 않는 성전을 지으면 얼마나 기쁘겠는가. 믿지 않는 친구가 거듭나 신앙생활을 잘하는 모습을 볼 때, 그가 조장, 집사, 혹은 목회자가 되어 주님을 위해 사는 모습을 볼 때 우리의 기쁨이 충만해진다. 전도는 그리스도인의 의무나 부담이 아니다. 솔로몬이 괴로워하면서 마지못해 성전을 지었겠는가? 하나님의 집을 짓는 일이다. 하나님의 집을 짓는 일은 참으로 영광스러운 일이다. 우리도 그런 마음가짐으로 전도해야 한다.

3. 생의 전성기를 경험한 자

성전을 완성한 솔로몬은 이스라엘 백성을 다 모아놓고 법궤를 지성소에 갖다놓았다. 그러자 하나님의 임재, 하나님의 영광이 성전에 가득했다(왕상 8:11). 솔로몬은 여호와의 제단 앞에서 이스라엘 온 회중과 마주 서서 하늘을 향하여 손을 들고 백성을 축복하며 하나님께 간구했다.

> 이 성전을 향하여 주의 눈이 주야로 보시오며 주의 종이 이곳을 향하여 비는 기도를 들으시옵소서(왕상 8:29).

솔로몬은 만일 어떤 사람이 이웃에게 범죄하여 성전에 있는 제단 앞에서 맹세하게 되면 하나님이 선악을 판단해달라고 기도했다. 적국에 패했을 때, 하늘이 닫혀 비가 오지 않는 벌을 받을 때 성전을 향하여 기도하면 들어달라고 간구했다. 기근과 전염병이 있거나 적국이 에워쌀 때, 재앙과 질병이 있을 때도 돌보아달라고 간구했다. 먼 지방에서 온 이방인이라도 성전을 향해 기도하거든 들으시고 땅의 만민이 하나님을 경외하게 해달라고 간구했다.

구약 시대를 산 사람은 이런 간구를 할 수가 없다. 여기서 솔로몬이 얼마나 대단한 영성을 가졌는지 알 수 있다. 이스라엘 백성은 그들의 하나님만 생각했다. 그러나 솔로몬은 신약 시대를 사는 우리가 가질 만한 영성을 지녔다. 열방에 있는 모든 사람이 이스라엘처럼 하나님을 경외할 수 있게 해달라고 기도했다. 굉장한 안목이다. 오늘날 우리 중에는 이런 안목이 없어 마냥 우리나라에서 살다 죽으려는 성도가 많다. "가서 모든 민족을 제자로 삼으라"라는 명령을(마 28:19) 자기에게는 적용하지 않는다. 그런데 솔로몬은 열방을 위해 기도했다. 하나님이 온 세계의 참 하나님이 되시기를 기도했다.

우리도 솔로몬처럼 기도의 범위를 넓혀야 한다. 전 세계의 무슬림과 불교 신자들을 위해 누가 기도할 것인가? 밤낮 나와 내 가족만을 위해 기도하지 말고, 지옥으로 가고 있는 많은 사람의 구원을 위해 기도해야 한다. 우리의 하나님이 그들의 하나님도 되시도록 기도해야 한다.

솔로몬은 백성을 축복하면서 마음을 바쳐 하나님의 계명을 잘 지키라고 당부했다. 그 후 14일 동안 온 백성이 성전에 모여 성전 봉헌 예식을 하고 하나님께 제사를 드렸다. 솔로몬은 이렇게 이스라엘 백성을 하나님께 잘 이끌었다. 이스라엘 왕으로서 해야 할 가장 중요한 역할을 잘해냈다. 솔로몬의 생애에서 가장 아름답고 빛난 순간이다. 최고의 영성을 구가하고 있는 솔로몬이었다.

이 땅에서 부와 명예를 얻으려 하지 않고 주님 편에 서서 주님의 나라 확장을 위해 뛸 때 우리 생이 빛난다. 그때야말로 삶이 흥미진진하다. 그렇지 않으면 우리 생에 아무 의미가 없다. '잘 먹고 잘 사는 삶'이라는 목표는 불교 신자나 천주교 신자도 가질 수 있다. 그러나 '주님을 위해 사는 삶'은 그리스도인만이 가질 수 있는 목표다.

열방을 위해 기도하는 솔로몬, 법궤를 들여오며 기뻐서 춤추는 다윗, 그리고 오늘날 복음을 들고 외국에 나가 사역하는 선교사, 주를 모르는 이웃에게 복음을 전하는 성도, 이들의 모습에는 한 가지 공통점이 있다. 이들의 삶은 빛나고 멋있다.

성전 봉헌식을 마친 솔로몬은 백성을 돌려보내고 자기 장막으로 돌아갔다. 모든 사람이 원래 자리로 돌아갔다. 왕이 하나님 앞에 바로 서고, 백성도 제대로 서고, 법궤도 안정된 자리를 찾았다. 이스라엘은 하나님의 말씀대로 절기를 지키며 하나님 앞에서 헌신을 다짐했다. 그 결과 모두에게 기쁨과 즐거움이 넘쳐났다. 이 기쁨은 하나님과의 관계가 올바를 때 나오는 보석 같은 기쁨이다.

4. 하나님을 버린 자

하나님의 성전과 왕궁 건축을 마친 솔로몬은 다시 하나님께로부터 다윗처럼 순종하면 왕위를 영원히 견고하게 하겠다는 약속을 받았다.

그러나 솔로몬은 이후에 처첩으로 삼은 많은 이방 여인의 영향을 받아 하나님을 배반하고 아스다롯, 밀곰 같은 이방신을 섬겼고, 그모스와 몰록의 산당까지 지었다. 하나님의 성전을 지은 그가 이방신의 산당을 짓다니…. 하나님께 지혜를 구하고, 그 지혜로 백성을 잘 이끌고, 하나님을 위해 성전을 지은 솔로몬이 이토록 가증하게 하나님을 배신하는 자가 되고 말았다. 지혜가 많은 것과 영적으로 깨어 있는 것은 별개다. 그리스도인은 항상 '지혜와 성령 충만', 두 가지를 다 구비해야 한다. 초대교회에서 7명의 일꾼을 세울 때도 지혜와 성령이 충만한 사람을 뽑았다.

궁극적으로 솔로몬은 지혜는 많았지만 하나님의 영이 충만하지 않았다. 아내들이 다 우상을 숭배하는 여인들이었으니, 결국 무너질 수밖에 없었다. 그 많은 후궁과 첩이 만들어낸 문화와 삶, 조언들이 결국 솔로몬을 무너뜨렸다.

우리는 누구나 가까이 있는 사람의 영향을 받는다. 혹시 주변에 믿지 않는 사람들이 많은가? 그렇다면 위험한 상황이다. 세상 사람들의 가치관과 삶의 방식에 물들지 않도록 조심해야 한다. 충분히 기도하고 말씀을 묵상하며 귀를 씻고 마음을 정화해야 할 것이다. 집에 돌아오면 곧바로 텔레비전을 보기보다 성경을 봐야 한다. 너무 지쳐서 성경을 읽기 힘들다면 설교 영상이라도 보면서 말씀으로 세상의 때를 씻어내야 한다. 그렇지 않으면 어느새 세상 사람들과 똑같이 돈과 명예와 인정을 추구하게 된다. 하나님 나라보다 자기 나라를 먼저 구하게 된다.

마귀는 절대로 우리를 한 번에 크게 공격하지 않는다. 가랑비에 옷 젖는 줄 모르게 조금씩 공격한다. 삼손도 처음부터 자기 힘의 비밀이 머리카락에 있다고 말하지 않았다. 들릴라가 조금씩 조금씩 집요하게 물으니 결국 고백을 하고 만 것이다.

이 땅을 사는 동안 세상 문화의 영향을 받지 않을 수 없지만, 문화라는 이름으로 은근히 스며드는 세상의 가치관에 물들지 않도록 정말 조심해야 한다. 이것이야말로 매일매일 우리에게 계속되는 싸움이다. 한 번 이기고 마음 편하게 있어도 되는 일회성 싸움이 아니다. 매일 벌어지는 이 싸움에서 매일 이겨야 한다.

이 싸움에서 이길 수 있는 복된 자는 주야로 말씀을 묵상하는 자다. 누구도 예외는 없다. 경건 생활을 소홀히 하고 방심하면 무너진다. 가만히 있는데 신앙이 좋아지는 사람은 없다. 영어도, 중국어도 계속 공부하지 않으면 잊어버린다. 세상 사람들을 만나면서 세상 문화를 즐기다 보면 그동안 축적한 영성을 야금야금 까먹다 결국 바닥을 드러내게 된다. 그러면서도 예전과 다를 바 없이 신앙생활을 잘하고 있다고 착각한다.

그래서 사도 바울은 우리에게 "항상 복종하여 두렵고 떨림으로 너희 구원을 이루라"(빌 2:12)라고 했고, 자신은 푯대를 향하여 달려간다고 말했다(빌 3:14). 바울 같은 사람도 달려갔는데, 우리가 한때 뜨거웠던 신앙을 믿고 가만히 있어서는 안 된다는 뜻이다. 피나는 노력으로 끝까지 달려가야 한다.

솔로몬의 비참한 말로가 주는 메시지는 단 하나다. "너희는 나처럼 세상 친구들에게 포위되어 살지 말라. 조금씩 영향을 받다가 결국엔 나처럼 무너진다."

홀로 싸우는 전투
『엘리야 1』

하나님은 시대에 맞게 일꾼을 택하시고 사용하신다.
하나님의 일꾼은 한마디로 시대 맞춤형이다.
하나님은 이스라엘이 영적으로 가장 어려울 때
하나님께 잘 순종하는,
용감한 엘리야를 강하게 준비시켜 사용하셨다.

1. 얻어먹는 일꾼

까마귀가 운반한 음식

　요단 동편 북쪽의 길르앗에 우거하는 사람 중에 디셉 사람 엘리야가 있었다. '엘리야'라는 이름은 '여호와는 나의 하나님'이라는 뜻이다. 그는 이스라엘 백성이 하나님을 떠나 우상을 섬긴 암울한 시대에 하나님의 말씀을 담대하게 선포한 선지자다.
　어느 날 엘리야는 아합왕에게 가서 수년 동안 비가 내리지 않을 것이라고 예언했다(왕상 17:1). 아합은 매우 악한 왕이라 자칫 불길한 예언을 하면 바로 그를 죽일 수도 있었다. 그러나 엘리야는 아무 대책 없이 아합왕에게 나아가 경고했다. 그는 죽음의 위험을 무릅쓰고 왕에게 가서 이 말을 전하고 도망쳤다.

보통 사람이라면 아합에게 가기 전에 뭔가 계획을 세울 것이다. 어디로 도망가서 숨을지, 숨어 있는 동안 무엇으로 먹고살지 나름대로 대책을 마련할 것이다. 심지어 수년 동안 흉년이 예상되고 수많은 사람이 고통을 받게 될 테니 미리 자구책을 찾아볼 것이다. 그런데 엘리야는 아무 계획이나 대책도 없이 하나님의 명령에 순종해 아합에게 가서 경고만 했다. 그랬더니 하나님이 그에게 피할 길을 알려주셨다.

> 너는 여기서 떠나 동쪽으로 가서 요단 앞 그릿 시냇가에 숨고(왕상 17:3).

어떤 일을 할 때는 미리 계획을 세우고 대안을 마련해야 한다. 철저한 준비가 필요하다. 그러나 꼭 대안이 있어야만 일할 수 있는 것은 아니다. 살다 보면 하나님이 대안 없이 움직이게 하실 때도 있다. 그때는 먼저 하나님의 뜻에 순종하고 그다음 문제는 하나님께 맡기면 된다.

그렇다고 해서 게으름과 나태함으로 아무런 준비도 없이 하나님이 책임져주시기만을 바라서는 안 된다. 근본적으로 철저히 준비하고 계획을 세워야 하지만, 대안이 없어도 하나님이 원하시면 순종해야 한다는 뜻이다.

아브라함이 이삭을 제물로 바칠 때 그는 하나님의 말씀에 따라 이삭을 죽이려고만 했지 그 이후에 대안은 없었다. 그러나 하나님은 이삭을 죽이려는 아브라함을 막으시고 대신 숫양을 준비해놓으셨다. 미리 알려주지 않으셨을 뿐이지 하나님은 다 준비해놓으셨다. 마찬가지로, 앞날이 막막하더라도 주님의 일에 뛰어들 때 하나님의 함께하심을 경험할 수 있다. 가만히 있으면 아무 역사도 일어나지 않는다는 사실을 기억해야 한다.

앞날을 예측할 수 없는 긴박한 상황에서 왕에게 불길한 예언을 한 엘리야는 그릿 시냇가에 숨었다. 그곳에서 엘리야는 하나님이 까마귀를 통해 음식을 공급해주시는 놀라운 일을 경험했다. 까마귀들이 입으로 떡과 고기를 물어다주었다.

떡과 고기는 어디서 났을까? 알 수 없다. 어디서 났든 까마귀들이 하루에 한 번도 아니고 두 번씩 떡과 고기를 날랐다. 까마귀들이 엘리야를 어떻게 알고 콕 집어 그에게 음식을 갖다주었는지도 알 수 없는 일이다.

까마귀는 육식을 하기에 본능적으로 입에 문 고기를 먹고 싶었겠지만 하나님의 명령을 따라 참았을 것 같다. 사람이라면 너무 배가 고픈데 고기가 눈앞에 있다면 일단 먹고 보지 않을까? 그러고는 연약함 때문이라고 변명할 수도 있다.

엘리야는 하나님의 말씀을 전한 후 숨어서 까마귀들이 물고 온 떡과 고기를 먹고 시냇물을 마시며 살았다. 그런데 계속 비가 오지 않자 그릿 시내가 말라버렸다(왕상 17:7). 이쯤 되면 시험에 들 법도 하다. 하나님의 명령에 순종했는데 시내가 마르다니! 하나님을 원망하게 되지 않을까?

그러나 하나님은 또 다른 계획을 갖고 계셨다. 만약 시내가 마르지 않았으면 엘리야는 계속 그릿 시냇가에 머물렀을 것이다. 그런데 시내가 마른 탓에 엘리야는 사르밧으로 가서 과부를 만나 가루와 기름이 떨어지지 않는 기적, 과부의 병든 아들을 살리는 기적을 체험하게 되었다(왕상 17:9, 22).

대부분 성도들은 무슨 일이 있어도 시내가 마르지 않아야 한다고 생각한다. 자기 인생에서 시내가 마르지 않도록 이런저런 기준을 정해놓기도 한다. "하나님, 이때까지 이걸 해주셔야 합니다" 하며 직장, 결혼, 학업 등에 대해 나름대로 기준을 세워두고 하나님을 거기에 맞추려고 한다.

하지만 나의 판단은 그렇게 정확하지 않다. 또 앞날을 멀리 내다보지도 못한다. 하나님이 어떤 뜻을 갖고 계신지 알 수 없다. 따라서 나의 짧고 미숙한 판단으로 하나님을 밀어붙이려 해서는 안 된다. 하나님을 내 기준에 맞추지 말아야 한다는 뜻이다.

하나님은 모든 것을 고려하시고 다 알아서 이끌어가신다. 나에 대한 계획이 있으시다. 그것을 믿는 것이 바로 신앙이다. 나는 지혜가 무궁하신 하나님이 하시는 대로 따라가면 된다. 그래서 기도 응답이 없을 때 낙심할 것이 아니라 오히려 하나님의 큰 뜻이 있을 것이라고 믿어야 한다.

간절히 구했지만 당장 응답이 없을 때 성숙한 성도는 "왜 이렇게 하십니까?" 하며 하나님께 따지지 않는다. 하나님은 선하신 분이기 때문에 하나님의 뜻대로 하시리라는 믿음의 고백을 할 뿐이다.

예레미야 선지자는 포로로 잡혀 곤고한 처지에 놓인 이스라엘 백성을 향해 "여호와의 말씀이니라 너희를 향한 나의 생각을 내가 아나니 평안이요 재앙이 아니니라 너희에게 미래와 희망을 주는 것이니라"(렘 29:11)라는 하나님의 말씀을 전했다.

현실과 너무 동떨어진 말씀처럼 느껴질 수 있다. 당시 포로로 잡혀 완전히 망한 것 같은데, 하나님은 그런 이스라엘에게 재앙이 아니라 미래와 희망을 주겠다고 말씀하셨다. 믿기 힘들지만 그것은 진실이다. 하나님은 우리에게 재앙이 아니라 평안과 미래와 희망을 주시는 분임을 명심하라.

과부가 대접한 음식

엘리야는 아무 대안도 없었지만 하나님의 말씀에 순종했고, 시냇물이 말라도 원망하지 않고 사르밧으로 갔다. 하나님이 그곳 과부에게 명해 음식을 대접하게 하겠다고 말씀하셨으니, 혹시 부자 과부라도 기대했을지 모른다. 그런데 만나고 보니 가난해도 너무 가난한 과부였다.

그녀는 조금 남은 음식을 마지막으로 먹고 죽으려고 할 만큼 가난했다. 집에 있는 것이라고는 가루 한 움큼, 병의 기름 조금뿐이었다. 가진 것도 없고 살길도 없는, 절망의 끝에 있는 과부였다. 하나님은 엘리야가 그런 사람을 만나도록 하셨다.

그런데 엘리야는 과부의 말을 듣더니 한술 더 떠 자기가 먹을 떡부터 만들어달라고 했다. 과부의 입장에서는 '뭐, 이런 사람이 다 있나?' 싶었을 것이다. 그런데 여기서 하나님의 역사가 나타났다. 분명히 한 번밖에 못 쓸, 매우 적은 양의 가루와 기름으로 떡을 만드는데, 가루와 기름이 떨어지지 않았다. 매일매일 떡을 만들어도 다음 날 또 떡을 만들 가루와 기름이 생겼다.

엘리야와 과부는 둘 다 놀라운 하나님의 일을 경험했다. 하나님의 말씀대로 통의 가루가 떨어지지 않았고, 병의 기름이 없어지지 않았다. 이런 일이 계속된다면 앞으로는 걱정 없이 배부르게 잘살 수 있을 것 같았다. 그런데 또 다른 어려움이 생겼다. 과부의 아들이 그만 병들어 죽고 말았다. 과부의 하나뿐인 아들, 유일한 소망이 사라져버렸다. 과부가 얼마나 상심했겠는가. 그녀는 아들을 죽게 하려고 자기 집에 온 것이냐며 엘리야를 원망했다.

엘리야는 아들을 다락 침상에 누인 후 하나님께 간절히 부르짖었고, 하나님은 아이를 살려주셨다. 그제야 과부는 "내가 이제야 당신은 하나님의 사람이시요 당신의 입에 있는 여호와의 말씀이 진실한 줄 아노라"(왕상 17:24)라고 고백했다. 가루와 기름이 끊이지 않았을 때도 믿긴 했지만, 과부는 죽은 아들이 살아나자 하나님을 더 확실히 믿게 되었다. 또 엘리야는 엘리야대로 모든 것을 다 하실 수 있는 전능하신 하나님을 깊이 경험했다.

2. 준비된 일꾼

하나님에 대해 몇 가지 생각해볼 점이 있다.

하나님이 일하시는 방식

하나님은 시냇가의 물은 마르게 하시고, 병의 기름은 채워주셨다. 또 과부의 아들을 죽게 놔두셨다. 그는 과부의 유일한 기쁨이요, 삶의 이유요, 만족이었다. 아들의 죽음으로 과부가 겪었을 마음의 상처와 슬픔을 생각하면 애초에 그런 일이 없었으면 더 좋았을 것이다. 그런데 하나님은 왜 그렇게 하셨을까?

> 당신은 하나님의 사람이시요 당신의 입에 있는 여호와의 말씀이 진실한 줄 아노라(왕상 17:24).

만약에 이런 일이 없었다면 과부의 이 귀한 고백도 없었을 것이다. 하나님은 여인에게 먹을 것을 주셨다. 그러나 그보다 더 중요한 것이 있다. 바로 믿음이다. 하나님은 우리가 이 땅에서만 잘 살기를 원하지 않으신다. 죽음 이후에도 잘 살기를 원하시기 때문에 이런 방법을 쓰신 것이다.

하나님이라고 아들을 잃은 과부의 슬픔이 아무렇지 않으셨겠는가? 하지만 그에게 진짜 복을 주시기 위해, 영원한 나라를 주시기 위해 그런 고난을 겪게 하신 것이다. 하나님은 우리 영혼의 문제까지 생각하시는 분이다. 우리가 당하는 고난은 아무리 힘들다 할지라도 이 범위 안에 있다.

하나님은 우리가 이 땅에서 행복하게 잘 지내는 것으로 만족하지 않으신다. 하나님 나라에 합당한, 의미 있는 삶을 살기 바라신다. 하나님의 생각은 우리와 많이 다르다. 하나님의 뜻을 깨달을 수 있도록 지혜를 구하라. 그래야 어려운 일을 당할 때 당장 눈앞의 현실보다 미래를 향한 하나님의 뜻을 구하며 잠잠히 견딜 수 있다.

하나님이 일꾼을 키우시는 방식

하나님은 이런 과정을 통해서 결국은 엘리야를 준비시키셨다. 이제 엘리야는 갈멜산으로 가서 큰 영적 전투를 치러야 했다. 까마귀, 시냇물, 가난한 과부, 통의 가루, 병의 기름, 과부의 아들 등 이 모든 것이 엘리야의 훈련에 필요한 도구였다. 엘리야는 3년간의 은둔 생활을 통해 하나님의 능력을 생생히 체험함으로써 영적으로 죽어 있는 이스라엘을 살리기 위한 준비를 다 마쳤다.

하나님은 하나님의 사람을 쓰실 때 그냥 사용하시는 법이 없다. 반드시 준비와 연단을 거치게 하신다. 하나님이 나를 훈련시키지 않으시고 내버려두시는 것을 오히려 두려워하라. 경제적으로 풍족하고, 좋은 직장에 들어가 연봉이 높고, 하는 일마다 잘 풀릴 때 혹시 하나님이 나를 방치하시는 것은 아닌지 고민해야 한다. 고3 수험생인데 선생님이 공부도 안 시키고, 놀아도 아무 말도 안 하면 좋아할 일이 아니다. 어쩌면 공부해봐야 안 될 것이 뻔하니까 그냥 놔두는 것일 수 있다.

혹시 인생에 아무 고난이 없고 평탄하기만 하다면 하나님이 버려두신 것일지 모른다. 반면에 지금까지 지내면서 집안, 개인, 직장, 혹은 자녀의 문제로 힘든 일이 있었다면 이는 곧 나를 귀하게 쓰시기 위한 하나님의 훈련이라는 사실을 기억하라! 내가 겪는 고난을 통해 같은 고난을 겪는 다른 사람을 도울 수 있다.

하나님이 일꾼을 보내시는 방식

하나님은 시대에 맞게 일꾼을 택하시고 사용하신다. 하나님의 일꾼은 한마디로 시대 맞춤형이다. 하나님은 이스라엘이 영적으로 가장 어려울 때 하나님께 잘 순종하는, 용감한 엘리야를 강하게 준비시켜 사용하셨다. 이런 시대에 요나 같은 사람이라면 곤란하다. 하라는 일은 안 하고 도망 다니기만 하면 하나님도 힘드시다. 이때 힘만 센 삼손이 등장하면 불순종하는 사람들을 위협하기만 할 것이다. 당시 이스라엘에는 엘리야처럼 우직하고 용감한 사람이 필요했다.

하나님은 항상 시대에 맞는 일꾼을 부르시고 사용하신다. 힘들고 어려울 때 더욱 강한 일꾼을 보내신다. 초대교회 시절 로마 황제의 박해로 수많은 사람이 죽어갈 때 하나님은 사도 바울처럼 목숨을 던지는 용감한 사람들을 사용하셨다.

지금 이 시대를 생각해보라. 심히 타락하여 어둠이 짙게 깔려 있다.

교회도 상당 부분 연약해져 있다. 그렇기 때문에 하나님의 일꾼이 되려면 더욱 강해져야 한다. 우리가 겪는 고통과 역경이 우리를 더욱 강한 하나님의 일꾼으로 성장시킨다.

현재 많은 고난을 겪고 있다면 그 사람이야말로 하나님이 준비시키시는 일꾼일 것이다. 하나님 나라의 쓸 만한 일꾼이 되려면 수많은 훈련과 고강도의 연단 과정을 통과해야 한다. 그런 사람들이 보냄을 받고 쓰임을 받는다. 어려운 때에는 잘 준비된 일꾼이 나와야 한다. 이 시대에 하나님의 손에 잘 사용되도록 준비하라.

3. 도전하는 일꾼

심한 기근이 3년째 계속되던 어느 날, 하나님은 엘리야에게 아합 앞에 나타나라고 명하셨다. 엘리야는 아합을 만나 하나님의 명령을 버리고 바알을 섬긴 아합의 죄를 지적했다. 그리고 바알 선지자 450명과 아세라 선지자 400명을 갈멜산으로 불러 모으게 했다.

갈멜산에서 엘리야는 이스라엘 백성에게 여호와와 바알 중에 누가 진정 하나님인지를 선택하라고 요구했다. "너희는 바알 신의 이름을 부르고, 나는 여호와의 이름을 부르겠다. 불로 응답하는 신이 참 하나님이시다"라며 도전장을 내밀었다.

먼저 바알 선지자들이 송아지를 잡고 아침부터 낮까지 바알의 이름을 불렀다. 그런데도 아무 응답이 없자 그들은 계속 제단 주위에서 뛰놀았다. 엘리야는 신이 묵상 중인지, 잠깐 외출했는지, 잠이 들어서 깨워야 할지 모르겠다며 그들을 조롱했다. 그들은 큰 소리로 신을 부르며 칼과 창으로 몸에 피가 나도록 상처를 내며 미친 듯이 떠들어댔으나 저녁 소제를 드릴 때까지도 아무 응답이 없었다.

그제야 엘리야가 나섰다. 그는 모든 백성을 가까이 오게 한 후 무너진 여호와의 제단을 수축했다. 그는 지파 수대로 돌 12개를 취해 제단을 쌓고 도랑을 만들었다. 그러고는 각 뜬 송아지를 나무 위에 놓고 제단 주변의 도랑까지 가득 찰 만큼 많은 물을 부은 후 하나님께 기도했다.

> 주께서 이스라엘 중에서 하나님이신 것과 내가 주의 종인 것과 내가 주의 말씀대로 이 모든 일을 행하는 것을 오늘 알게 하옵소서(왕상 18:36).

그때 하늘에서 불이 내려와 순식간에 제물을 태우고 흥건하던 물을 모조리 말려버렸다(왕상 18:38). 비로소 백성들은 여호와가 참 하나님이신 것을 분명히 알게 되었다. 엘리야는 그 자리에서 바알 선지자들을 모두 잡아 기손 시내로 데려가 죽였다.

갈멜산 전투에서 중요한 것은 엘리야의 확신이다. 그는 하나님이 응답하실 것을 확신했기 때문에 바알 선지자들과 대결을 펼쳤다. 백성 모두가 하나님을 버리고 바알과 아세라를 섬기던 때에 엘리야는 그들에게 진짜 살아 계신 하나님을 보여주고 싶었다. 그래서 목숨을 걸고 바알 선지자들과 대결했다.

이는 아무나 따라 할 수 없는, 오직 하나님과의 깊은 교제에서 축적된 영성이 있는 자만이 할 수 있는 전투였다. 다른 사람의 눈에는 굉장히 무모해 보였지만 엘리야에게는 당연한 것이었다. 엘리야는 여호와만이 하나님이시라는 사실을 그 시대에 밝히 드러내야 했다. 그래서 목숨을 걸고 이 전투를 계획해서 승리로 이끌었다. 만약 이 전투를 벌이지 않았다면 엘리야는 하나님을 향한 열정을 견디다 못해 죽었을지도 모른다.

우리에게도 내부에서 나오는 열정, 힘이 필요하다. 하지 않고는 견딜 수 없는 열정, 하지 않으면 속에서 불이 나와 죽을 것만 같은 일이 일어나야 한다. 그런 열정을 가진 사람이라면 이 시대에 수많은 사람이 우상을 섬기는 모습을 보고 속상해할 수밖에 없다.

이 시대의 많은 사람은 쾌락과 성으로 타락했으며 저마다 돈의 노예가 되고 있다. 우리에게는 그들을 회복시키겠다는 열정이 필요하다. 자기 신앙만 유지하는 것은 잘못된 신앙이다. 주일 11시 예배를 드리는 것으로 만족할 일이 아니다. 주님은 나 자신이 아닌 남을 위해 살라고 십자가의 길을 보여주셨다. 십자가의 길을 따르는 내 삶은 더 이상 나만의 것이 아니다. 그렇기 때문에 나와 내 가족만을 위해 시간을 쓰면 안 된다. 이 세상에는 하나님을 모르는 사람이 너무 많다. 주의 일꾼이 먹고사는 일과 자기 일에 빠져 있어서는 곤란하다.

엘리야가 우리에게 도전하는 것은 하나님 나라를 위해서 움직이라는 것이다. 가만있는 것은 그들을 죄악 가운데 방치하는 것이며, 우리 주님이 그들에 의해서 무시당하심을 허용하는 것이다. 이 상황을 바꿀 수 있도록 나름대로 뭔가를 해야 한다. 기도하면서 하나님 나라의 회복을 위해 무엇을, 어떻게 해야 할지 결단하라.

4. 승리하는 일꾼

엘리야에게서 얻은 중요한 교훈은 주의 신실한 종은 세상을 이기게 된다는 진리다. 따라서 하나님을 섬기는 자는 세상을 두려워해 타협하면 안 되고, 오히려 세상과 싸워야 한다. 싸우면 이기고, 가만있으면 망한다. 하나님은 하나님의 일꾼들에게 승리를 약속하셨다. 많은 어려움이 있어도 밀고 나가면 승리를 얻는다. 그런데 아예 도전조차 하지 않으면 그런 승리를 평생 경험하지 못하고 생을 마치게 된다. 이미 승리가 주어졌으니 움직이면 된다.

필자는 대학 시절에 대학생들을 변화시키겠다고 뜻을 정해 캠퍼스에서 전도를 하며 성경공부 모임을 이끌었다. 군 제대 후에는 대구 지역에서 대학생들을 돌보기로 결단해 전임 간사로 헌신했다. 여러 대학에서 성경공부 모임을 개척해 많은 대학생을 주님께로 인도했다. 이 일을 하면서 하나님께 기도해 끊임없이 응답을 받았다. 그 결과 캠퍼스의 수많은 대학생이 주님께 돌아와 일꾼이 되었다. 가만있었다면 아무 일도 일어나지 않았을 테지만 결단하고 움직이니 문이 열리고 승리했다.

가만있는 것이 가장 나쁜 죄다. 세상을 두려워하거나 상황에 눌리면 안 된다. 자꾸 자신의 약함을 얘기하지 말자. 하나님이 주신 꿈과 비전을 갖고 밀고 나가야 한다. 사실 눈에 보이는 어려운 현실은 묶여 있는 맹수와 같다. 아무리 사나운 맹수라도 묶여 있으면 아무것도 아니다. 세상에서 나를 두렵게 하는 것은 허상에 불과하다. 종이에 호랑이를 무섭게, 금방이라도 튀어나올 것처럼 실감나게 그려보라. 그 호랑이가 무서운가? 그저 종이호랑이일 뿐이다.

솔직히 이 세상에서 가장 무섭고 힘센 자는 나 자신이다. 알고 보면 내가 진짜 무서운 맹수다. 우리 앞에서 늑대나 표범도 도망간다. 이 땅에서 두려워할 것은 아무것도 없다. 하나님 나라를 위해 일할 때 최후의 승리를 믿으며 싸워 나가야 한다. 그때 하나님의 임재를 경험할 수 있다.

찬양 중에 임재하시는 하나님만 생각하지 말고, 전투 중에 임하시는 하나님을 기대해야 한다. 아무리 힘든 전쟁이라도 하나님이 함께하시면 두려울 것이 없다. 우리는 이미 승리를 약속받았고, 승리를 누려야 한다. 그 경험이 없으면 어쩌다가 돈 많이 벌어 집을 장만했다는 식의 초라한 간증만 하다가 생을 마치게 된다. 갈멜산 전투처럼 우리도 주님을 알지 못한 채 헛된 것만 쫓다가 죽어가는 영혼들을 위해 싸워야 한다. 그래서 하나님이 약속하신 승리자의 삶을 살자.

하나님은 모든 것을 고려하시고 다 알아서 이끌어가신다.
나에 대한 계획이 있으시다. 그것을 믿는 것이 바로 신앙이다.
나는 지혜가 무궁하신 하나님이 하시는 대로 따라가면 된다.
간절히 구했지만 당장 응답이 없을 때 성숙한 성도는
"왜 이렇게 하십니까?" 하며 하나님께 따지지 않는다.
하나님의 뜻대로 하시리라는 믿음의 고백을 할 뿐이다.

12

살아서 충성, 죽어서 인정
『엘리야 2』

많은 사람이 세상일을 하느라 속상해하고,
세상일 때문에 울고 낙심한다.
그에 반해 믿음의 영웅이요,
하나님의 일꾼인 엘리야는 주님을 섬기다가
죽기를 구할 만큼 낙심하는 경험을 했다.
이 낙심이야말로 참으로 고귀하고 값지다.

1. 기도하는 일꾼

갈멜산 전투에서 승리한 엘리야는 아합에게 큰비가 올 것이라고 예언하고 갈멜산 꼭대기에 올라가 기도했다. 중간중간 사환을 시켜 확인해 보니, 일곱 번째 기도 후에 바다 쪽에서 비로소 사람 손바닥만 한 작은 구름이 일어났다.

사환을 통해 이를 확인한 엘리야는 큰비가 내릴 테니 아합에게 빨리 마차를 타고 산에서 내려가라고 말했다. 잠시 후에 구름과 바람이 일어나더니 큰비가 내렸다(왕상 18:41-45). 3년 6개월 동안 단 한 방울의 비도 내리지 않다가 엘리야가 기도하자 드디어 비가 내리기 시작한 것이다.

엘리야는 우리와 성정이 같은 사람이로되 그가 비가 오지 않기를 간절히 기도한즉 삼 년 육 개월 동안 땅에 비가 오지 아니하고 다시 기도하니 하늘이 비를 주고 땅이 열매를 맺었느니라(약 5:17-18).

엘리야가 처음 기도했을 때 비를 내려주셨다면 좋았을 텐데, 왜 하나님은 일곱 번 기도할 때까지 기다리신 것일까? 일곱 번이라는 횟수는 상징으로, 충분히 기도했다는 뜻이다. 물론 한 번 기도했는데 응답받는 경우도 있다. 그러나 우리는 충분히 기도하고, 응답받기까지 계속 기도해야 한다.

기도에서 중요한 요소는 기대다. 우리는 기도할 때 그 일이 이루어질 것을 기대해야 한다. 따라서 기도와 기대는 같이 간다. 엘리야는 하나님이 분명히 비를 내리실 것을 믿으며 기도를 계속했다. 두 번, 세 번, 하나님이 응답하실 때까지 기도했다. 엘리야는 그만큼 하나님을 신뢰했다. 하나님은 그런 엘리야의 기도를 통해 일하셨다.

하나님은 우리의 기도를 통해서 일하신다. 기도 몇 번 하고 응답이 없다고 불평할 일이 아니다. 하나님의 응답이 없는 것이 아니라 우리에게 인내가 없는 것이다. 응답할 시간과 때를 정하시는 분은 하나님이시다. 왜 응답하지 않으시냐고 안달복달하며 졸라대지 말라. 응답의 시간은 하나님이 결정하실 문제고, 응답이 있기까지 기도하는 것은 우리의 임무다. 응답 시기에 대해 하나님의 영역까지 침범해 들어가지 말라.

"하나님, 왜 이루어주지 않으십니까?", "하나님, 올해까지는 되어야 하는 것 아닙니까?", "하나님, 이 정도면 충분히 기도하지 않았습니까?" 하며 하나님께 생떼 부리지 말라. 하나님의 때는 우리가 생각하는 때와 다를 수 있다. 그러나 하나님은 우리의 기도에 분명히 응답하신다. 그 사실을 믿어야 한다.

> 너희가 욥의 인내를 들었고 주께서 주신 결말을 보았거니와 주는 가장 자비하시고 긍휼히 여기시는 이시니라(약 5:11).

하나님은 자비하시고 긍휼히 여기시는 분이다. 하나님은 너무 자비하시기 때문에 우리에게 가장 좋은 때를 허락하신다. 만약 조금만 자비하시면 곧바로 응답하셨을지 모른다. 그런데 너무 자비하시기 때문에 당장 허락하시는 대신, 가장 좋을 때를 기다려 응답하신다.

야고보는 언제 순교할지 모르는 상황에서 자비하시고 긍휼을 베푸시는 하나님을 바라보았다. 환경을 보지 않고 하나님을 의지하는 믿음이 있었다. 우리는 인생의 모든 굴곡에서 하나님이 가장 자비하신 분이라고 고백할 수 있어야 한다. 이처럼 금보다 더 귀한 믿음이 있어야 나그넷길에서 승리한다.

성경은 엘리야가 우리와 성정이 같은 사람이라고 말한다. 엘리야가 특별한 사람이 아니라는 점을 강조한다. 그도 우리처럼 평범하고 연약한 인간일 뿐이었다. 우리와 똑같은 사람인데 그가 하나님께 비가 오지 않기를 간절히 기도했더니 3년 6개월 동안 비가 오지 않았고, 다시 간절히 기도했더니 비가 왔다.

또 성경은 의인의 간구는 역사하는 힘이 크다고 말한다(약 5:16). 우리는 이 땅에서 일어나는 문제에 대해 엘리야처럼 기도해야 한다. 의인인 우리가 어떻게 기도하느냐에 따라 결과가 달라진다. 속상한 문제가 생겼는가? 다른 사람을 통해 풀지 말고 기도로 풀라. 성경은 우리의 연약함을 너무 잘 알고 있다. 세상에 나가면 넘어지고 쓰러질 수밖에 없다. 그래서 주님은 우리가 기도하면 응답하겠다고 약속하셨다. 단, 그분이 보시기에 가장 좋을 때 응답하신다. 끝까지 인내함으로 기도하라.

엘리야가 기도하지 않으면 비가 오지 않아 백성들이 가뭄으로 다 죽을 수밖에 없었다. 엘리야 한 사람에 의해 한 나라가 살기도 하고, 죽기도 했다.

우리는 무엇을 위해 기도하는가? 늘 먹고사는 일, 승진, 결혼 문제로 기도하는가? 나를 위해서도 기도해야 하지만, 하나님 나라를 위한 기도로 범위를 확장해야 한다. 자기 문제에서 벗어나 기도의 지경을 넓혀야 한다.

우리나라, 북한, 중국, 인도, 세계를 위해 늘 기도하는 성도가 되자. 하나님은 크시며 모든 일을 하실 수 있는 분이시다. 하나님이 하실 일에 맞추어 기도 내용과 범위를 바꾸라.

2. 죽기를 구하는 일꾼

집으로 돌아간 아합은 아내 이세벨에게 엘리야가 한 일을 들려주었다. 그 이야기를 들은 이세벨은 무척 화가 났다. 그도 그럴 것이 엘리야가 이세벨이 섬기던 바알의 선지자들을 다 죽였기 때문이다. 분노에 찬 이세벨은 엘리야를 죽이려 했고, 엘리야는 이세벨을 피해 다시 도망 길에 나섰다.

브엘세바로 간 엘리야는 혼자 광야로 들어가 하룻길쯤 걷다가 너무 피곤하여 로뎀나무 아래 앉았다. 심히 낙심한 그는 하나님께 제발 생명을 거두어달라고 기도하고 잠이 들었는데, 천사가 깨워 떡과 물을 주었다. 먹고 기운을 차린 엘리야는 40일을 걸어 하나님의 산 호렙(시내산)에 도착했다. 브엘세바에서 호렙산까지는 대략 300-400km 되는 거리다. 엘리야가 호렙산의 굴에 들어갔을 때 하나님의 음성이 들렸다.

엘리야 네가 어찌하여 여기 있느냐(왕상 19:9).

이에 엘리야가 하나님께 대답했다.

내가 만군의 하나님 여호와께 열심이 유별하오니 이는 이스라엘 자손이 주의 언약을 버리고 주의 제단을 헐며 칼로 주의 선지자들을 죽였음이오며 오직 나만 남았거늘 그들이 내 생명을 찾아 빼앗으려 하나이다(왕상 19:10).

엘리야의 탄식에는 깊은 절망이 묻어 있다. 갈멜산 전투 후에도 백성들이 하나님께 돌아오지 않았고, 아합도 전혀 변화되지 않았다. 아합은 하나님이 불을 내리시는 것을 보았고, 갈멜산에서 이스르엘까지 20-30km 되는 거리를 엘리야가 자기 마차를 앞질러 뛰어가는 광경도 보았다. 엘리야의 기도로 3년 6개월 동안 오지 않던 비가 내리는 것도 보았는데 하나님께 돌아오기는커녕 이세벨과 의기투합해 엘리야를 죽이려고 했다. 참 힘 빠지는 상황이다. 무엇보다 하나님을 위해 열심을 냈지만 열매가 없으니 낙심이 될 만했다.

그런데 목숨 걸고 거짓 선지자와 싸웠지만 너무 낙심되어 차라리 생명을 거두어달라는 엘리야의 고백은 일생에 한 번 할까 말까 한 기도다(왕상 19:4). 보통 성도들은 절대 이런 고백을 할 수 없다. 대부분 자기 일만 구하고 주님의 일은 구하지 않기 때문이다. 자기가 하고 싶은 일을 다 하며 사는데 무슨 낙심할 일이 있겠는가. 정말 하나님께 죽도록 충성하는지는 낙심하는 정도를 보면 알 수 있다. 엘리야의 낙심이야말로 목숨 다하여 주님을 섬긴 자만이 할 수 있는 고차원의 낙심이다.

많은 사람이 세상일을 하느라 속상해하고, 세상일 때문에 울고 낙심한다. 그에 반해 믿음의 영웅이요, 하나님의 일꾼인 엘리야는 주님을 섬기다가 죽기를 구할 만큼 낙심하는 경험을 했다. 이 낙심이야말로 참으로 고귀하고 값지다. 인생에 꼭 한 번은 이 같은 낙심을 경험하고 주님을 만나겠다는 소망을 가지라.

> 의를 위하여 박해를 받은 자는 복이 있나니 천국이 그들의 것임이라 나로 말미암아 너희를 욕하고 박해하고 거짓으로 너희를 거슬러 모든 악한 말을 할 때에는 너희에게 복이 있나니 기뻐하고 즐거워하라 하늘에서 너희의 상이 큼이라 너희 전에 있던 선지자들도 이같이 박해하였느니라(마 5:10-12).

주님 때문에 박해를 받는다면 영광스러운 일이므로 기뻐하라. 주님은 그런 자가 복되다고 말씀하셨다. 노느라고 아무 낙심이 없는 값없는 인생을 살지 말고, 주님의 일을 하다가 낙심하는 고귀한 삶을 살아야 한다. 신앙생활을 쉽게 생각하지 말라. 주님을 따르는 삶은 예나 지금이나 고난의 길임을 명심하라.

엘리야는 낙심되는 상황을 하나님께 토로했다. 하나님 앞에 나가 이 문제를 풀었다. 보통 낙심할 때 사람들은 그 문제를 들고 하나님 앞에 잘 나아가지 않는다. 주님의 일을 하다가 멈춰버리거나, 교회를 옮기거나, 잠수를 타버린다. 어려운 마음을 하나님께 토로하지 않고 혼자서 마음 내키는 대로 결정한다. 지금까지 기도하며 하나님의 일을 하다가 갑자기 마지막 결정은 자기가 한다. 아무 열매가 없는 것 같으니 <u>스스로 멈춘다</u>.

주님의 일을 열심히 하다가 멈추는 시점을 혼자 결정해버린 사람이 있는가? 스스로 그만둘 것이 아니라 하나님께 여쭈어보아야 한다. 엘리야는 낙심해서 모든 것을 그만두고 싶을 때 하나님과 대화했다. 하나님의 명령에 의해 일을 시작했다면 멈추라는 말씀을 듣기 전까지는 물러나면 안 된다. 기도하는 중에 하나님의 응답을 들으면서 모든 일의 진퇴를 결정하는 지혜로운 자가 되라.

3. 위로를 얻는 일꾼

곤고한 엘리야는 낙심 중에 40일을 걸어서 호렙산에 도달했다. 더 이상 아무것도 할 수 없는 절망적인 상황에서 엘리야가 하나님을 찾아갔을 때 하나님은 만나주시고 그의 문제를 해결해주셨다. 만약 하나님이 이 순간에 엘리야를 만나주지 않으시면 엘리야는 진짜 불쌍한 선지자가 된다. 생명의 위협까지 무릅쓰고 하나님을 섬겼다가 낙심해서 이 먼 길을 찾아왔는데 하나님마저 모른 척하시면 무슨 소망으로 살겠는가. 하지만 하나님은 하나님을 위해 삶을 드린 하나님의 일꾼을 내팽개치는 분이 아니시다.

> 사람이 감당할 시험밖에는 너희가 당한 것이 없나니 오직 하나님은 미쁘사 너희가 감당하지 못할 시험당함을 허락하지 아니하시고 시험당할 즈음에 또한 피할 길을 내사 너희로 능히 감당하게 하시느니라(고전 10:13).

하나님은 우리가 헤맬 때 그냥 내버려두지 않으신다. 그런데 문제는 우리가 '하나님이 만나주지 않으시면 어떡하지?'라는 일말의 불안감을 갖고 있다는 점이다. 하나님은 우리가 감당하지 못할 시험당함을 허락하지 않으시고, 시험당할 즈음에 피할 길을 주셔서 능히 감당케 하겠다고 약속하셨다. 그렇기 때문에 연단 중에 힘들 때는 "주여, 저를 도와주소서"라고 기도하라. 하나님이 건져주신다. 만약 하나님이 더 연단받으라고 하신다면 아직은 감당할 만하다는 의미다.

필자의 인생에서 정말 견디기 힘들었던 순간 중 하나는 군에 입대하여 논산에서 훈련받을 때였다. 당시 군 입대 전에 대학생 선교단체 사역과 대학원 논문 작성으로 너무나 바쁘고 힘든 시간을 보냈다. 그러다 보니 51kg까지 마른 상태로 입소해 더운 여름의 훈련을 받을 만한 체력이 아니었다. 게다가 훈련소에서 더위를 먹어 밥을 잘 먹지도 못했다. 그런 상태로 힘든 훈련 과정을 겨우 마치고 다음 배치를 기다리고 있는데, 갑자기 방송에서 "33번 유급!"이라는 소리가 들렸다. 순간, '이 훈련을 2주간 더 받으라고?' 하는 생각이 떠올랐다.

이미 체력이 한계에 다다른 필자는 도저히 훈련을 더 받을 수 없는 상태였다. 그 순간 "하나님, 저를 살려주십시오" 하고 간절히 기도했다. 그 결과 하나님은 절망 중의 나를 유급에서 건지시고 카투사로 빼내주셨다.

그가 친히 말씀하시기를 내가 결코 너희를 버리지 아니하고 너희를 떠나지 아니하리라 하셨느니라(히 13:5).

우리는 하나님 아버지의 마음을 잘 알아야 한다. 하나님은 훈련을 통해 자녀를 이 시대에 필요한 자로 만드신다. 혹 그 과정이 힘들 수 있어도 하나님이 자녀를 망하게 하시는 법은 결코 없다. 그분은 무슨 일이 있어도 절대 우리를 떠나지 않으시는 아버지시다.

그러므로 우리가 담대히 말하되 주는 나를 돕는 이시니 내가 무서워하지 아니하겠노라 사람이 내게 어찌하리요 하노라(히 13:6).

하나님의 연단과 현재 처한 어려움에서의 도우심 사이에는 미묘한 경계가 있다. 이것을 구별하는 것은 각자의 몫이다. 그동안 알게 된 하나님을 통해 견딜 만한 연단인지, 아니면 도저히 견딜 수 없는 상황인지 판단하고 하나님께 구원을 요청하라. 다시 말하지만 하나님은 우리 아버지시다.

엘리야가 호렙산에 도착해 현 상황을 아뢰었을 때 하나님은 그에게 하나님의 계획을 말씀해주셨다.

너는 네 길을 돌이켜 광야를 통하여 다메섹에 가서 이르거든 하사엘에게 기름을 부어 아람의 왕이 되게 하고 너는 또 님시의 아들 예후에게 기름을 부어 이스라엘의 왕이 되게 하고 또 아벨므홀라 사밧의 아들 엘리사에게 기름을 부어 너를 대신하여 선지자가 되게 하라(왕상 19:15-16).

하나님은 혼자 남아 핍박 속에서 죽어가는 엘리야를 다독이셨다. 마치 자녀가 밖에서 맞고 들어오면 부모가 "이것들, 다 죽었어!" 하면서 뛰어나가는 것처럼 말이다.

하나님은 아람과 이스라엘의 왕을 새로 세울 계획을 알려주셨다. 그동안 엘리야는 당시 이스라엘의 최고 권력자인 아합과 이세벨을 피해 도망 다녔다. 그런데 엘리야의 아버지는 이스라엘뿐 아니라 모든 세계를 다스리시는 전능자 하나님이셨다. 하나님은 그분의 주권으로 새로운 왕과 선지자를 세울 계획이셨다. 모든 것을 아시는 하나님은 엘리야가 해야 할 일을 세세하게 가르쳐주셨다. 하사엘을 아람의 왕으로, 예후를 이스라엘의 왕으로, 엘리사를 엘리야를 대신할 선지자로 세우라고 말씀하셨다.

하나님은 통치자답게 모든 것을 아신다. 우리 한 사람, 한 사람을 아시며 우리의 모든 것을 아신다. 우리가 어떻게 살고 있는지 다 아신다. 그리고 그분의 주권으로 모든 것을 결정하신다. 하나님은 최고 결정자, 권력자, 전능자이시다. 세계의 역사를 주관하시는 분이다. 우리나라, 중국, 미국 등 세계 모든 나라의 역사의 배후에는 하나님이 계신다.

그래서 우리는 전능자이신 하나님께 간구한다. 무슨 일이든 하나님이 최종 승인을 하셔야 일이 이루어진다. 하나님은 우리가 원하는 것, 우리에게 필요한 것을 다 아시고 그 일을 이룰 능력이 있는 분이시다.

몸이 아픈가? 기도하라. 재정적인 어려움이 있는가? 기도하라. 가정에 문제가 있는가? 기도하라. 어떤 문제든 다 기도하라. 하나님이 들어주신다. 성경 읽고 기도하는 시간을 줄이고 대신 회사에서 인정받기 위해 상사에게 공을 들이고 있는가? 소용없는 일이다. 상사에게 아무리 잘 보이려고 애써도 하나님이 뜻하시면 오늘이라도 그 상사를 바꾸실 수 있다. 대체 뭘 믿고 사람에게 충성을 다하는가? 오직 믿을 수 있는 하나님께만 충성해야 한다. 모든 좋은 것은 위로부터 주어진다(약 1:17).

하나님은 하나님이 세상을 주관하시는 분임을 엘리야에게 보여주셨다. 덧붙여 이스라엘 가운데 바알에게 무릎 꿇지 않은 7,000명을 남기겠다고 말씀하셨다. 바알에게 무릎을 꿇지 않은 자들이 7,000명이라니! 엘리야는 이스라엘 중에 바알에게 무릎 꿇지 않은 사람은 자기 혼자뿐인 줄 알았다. 그런데 하나님은 엘리야 말고도 7,000명이 더 있다고 하셨다. 이것은 엘리야에게 굉장히 충격적인 소식이었을 것이다.

이 사실을 알면 힘이 난다. 나 혼자 어려움을 당하는 것이 아니다. 수많은 하나님의 일꾼이 도처에서 일하고 있다. 한국 교회가 쇠락해 가고 어려움이 많지만 곳곳에 주님의 일꾼이 있다는 사실을 알면 견딜 수 있다. 군대에서도 혼자 매를 맞으면 엄청 아프지만 같이 맞으면 덜 아프다. 같이 일할 때 힘이 나는 경험을 하고 싶다면 노방 전도를 해보라. 대학교 캠퍼스나 버스 터미널, 혹은 기차역에 가서 전도해보라. 복음을 잘 들어주면 기쁘지만 거절하면 마음이 힘들어진다. 그때 같은 교회 전도팀을 만나면 얼마나 힘이 나는지 모른다. 복음을 전하다가 핍박을 당할 때 우리 편이 있다는 사실에 큰 위로와 격려를 받는다.

이렇듯 동역자에게서 얻는 위로는 특별히 크다. 주일에 교회 뒷자리에 앉아 있다가 예배 후 쏜살같이 집에 가는 사람은 이런 위로가 뭔지 모른다. 항상 모이기를 힘쓰고 함께 주의 일에 동참하면서 형제자매들을 통해 위로를 얻어야 한다. 하나님의 일을 하다가 현실을 보고 낙심하지 말라. 바알에게 무릎 꿇지 않은 7,000명을 하나님이 준비해놓으셨다.

4. 마무리를 잘하는 일꾼

선지자로서 하나님이 주신 사명을 완수한 엘리야는 때가 되어 엘리사에게 겉옷을 던졌다. 겉옷을 던진다는 것은 그를 후계자로 삼는다는 뜻이다. 엘리야는 하나님의 재가를 받아 무거운 책임을 후계자 엘리사에게 일임했다. 바울도 생을 마무리하며 디모데에게 복음을 부탁했다. 그는 선한 싸움을 싸우고 달려갈 길을 마쳤으니, 디모데에게 이 싸움을 계속하라고 당부했다(딤후 4:7).

우리에게도 반드시 이런 날이 온다. 겉옷을 던질 날, 임무 교대의 날, 다른 이에게 복음을 부탁하는 날 등. 이때 우리는 주어진 사명을 완수한 후 다음 사람에게 "네가 이 일을 잘 감당하라"라고 전해야 한다. 이 땅을 떠날 때 후회 없이 떠나려면 그동안 감당하던 사역을 후계자에게 잘 넘겨야 한다. 또 겉옷을 받은 사람은 계속 이 일을 잘해내야 한다. 그래야 하나님의 일이 끊어지지 않고 잘 이어진다.

필자는 20대 초반에 사역을 시작해서 지금까지 많은 일을 했다. 서울의 경희대와 외대에서, 대구의 경북대, 영남대, 계명대, 부산의 부산대, 동아대에서 기독 학생 모임을 개척했다.

40대 초중반까지도 대학생들을 위해 열심히 사역했다. 초창기에 이름 없이, 빛도 없이 캠퍼스를 다니며 전도하고 성경을 가르쳤다. 재정적 적자를 감수하며 수련회를 열어 일꾼들에게 말씀을 가르쳤으며, 많은 사람을 상담하면서 그들을 설득해 일꾼으로 키우느라고 성대 결절까지 생겼다. 어느 겨울 수련회에서는 난로 옆에서 자다가 불이 나 죽을 뻔한 적도 있다.

대학생 선교 일을 마친 후 40대 중반에는 교회를 개척했다. 그리고 개척한 교회에서 목회 사역을 한 지 20년이 넘어간다. 이제 교회 사역은 후임자에게 물려주고, 앞으로는 한국 교회를 책임질 사역자들을 말씀으로 키우려고 한다(아나톨레 사역). 주님이 부르시는 그날까지 힘껏 주님이 기뻐하시는 일을 하다가 주님을 뵙고 싶다.

만약 지금 미지근한 신앙생활 중이라면 그동안 무슨 일을 했기에 벌써 미지근한 신자의 반열에 올라가 있는가? 주님을 위해 아무 일도 하지 않은 사람이 벌써부터 은퇴를 생각해서는 안 된다. 인생에 한 번은 겉옷을 던져봐야 한다. 임무 교대도 해보지 않고선 주님을 만날 생각 일랑 아예 하지 말라.

반면, 지금 하나님의 일을 열심히 하고 있다면 아무리 힘들어도 임무 교대의 날이 있음을 기억하라. 언젠가 이 사역을 후배에게 넘겨줄 때가 온다. 전도 팀장, 집사, 장로, 선교사, 목사도 마냥 하는 것이 아니다. 위임하고 떠날 그때를 생각하며 기회가 있을 때 더욱 열심을 다하라.

5. 살아서 세상을 떠난 일꾼

드디어 엘리야는 사명을 다하고 하나님께 부름을 받아 하늘로 올라갈 때가 되었다. 후계자 엘리사는 이 땅을 떠나는 엘리야를 길갈, 벧엘, 여리고, 요단으로 계속 쫓아갔다. 그는 요단가에서 엘리야와 함께하시는 성령의 역사가 자기에게 갑절이나 있게 해달라고 요청했다. 엘리야는 하나님이 자기를 데려가시는 모습을 엘리사가 보게 되면 이루어질 것이라고 말했다.

두 사람이 대화하며 길을 가던 중 갑자기 불수레와 불말들이 두 사람을 갈라놓았고, 엘리야는 회오리바람과 함께 하늘로 올라갔다(왕하 2:11). 엘리야는 죽지 않고 살아 있는 모습 그대로 천국에 들어갔다. 믿음으로 죽음을 보지 않고 옮겨진 에녹과 같았다(히 11:5). 구약의 선지자들은 이 땅에서 죽어 하나님께로 돌아갔다. 그런데 특이하게도 엘리야는 하나님이 산 채로 받으셨다. 이는 하나님이 그를 특별하게 대우하셨다는 뜻이다.

엘리야는 이 땅에서 인정받지 못해 숨어 다니고 도망쳤지만, 하나님은 그를 인정하시고 높이 들어 올리셨다. 세상은 엘리야를 인정하지 않았지만 하나님은 엘리야를 인정하셨다. 아무리 열심히, 바쁘게 산다 하더라도 하나님이 인정하지 않으시는 삶은 의미가 없다.

엘리야는 평생 주님의 일을 하면서 타협하지 않았다. 주위에 같은 편이 아무도 없다는 생각이 들 만큼 외롭고 힘든 싸움을, 세상과 이방신을 상대로 혼자 전투했다. 그런 엘리야가 하늘로 들려 올라가는 모습에서 우리는 할 일을 다 마치고 귀국하는 신실한 일꾼을 하늘에서 크게 환영하는 장면을 보게 된다. 엘리야의 승천은 시대 분위기에 휩쓸리지 않고 끝까지 충성을 다해 하나님을 섬겼던 종에게 하나님이 주신 최고의 보상이다. 하나님은 그분을 위해 충성한 일꾼의 삶을 인정해주신다. 언젠가 이 땅을 떠날 때 우리도 이런 영광스러움을 경험하면서 생을 마쳐야 한다.

불수레와 불말들이 나타나 회오리바람과 함께 몸이 떠올라 천국으로 들어간 순간, 엘리야는 어떤 생각을 했을까? 그동안 수많은 박해와 멸시를 받았지만 결국 하나님이 그 길을 기뻐하셨다는 확신이 들었을 것이다. 그를 영접하시는 하나님의 은혜와 사랑에 감격하면서 그동안의 외로움과 낙심을 모두 보상받은 느낌을 받았을 것이다.

이 땅에는 어려움과 고난이 많다. 몸도 지치고, 마음도 힘들고, 하는 일마다 안 풀릴 때가 많다. 나름대로 주님을 섬기지만 열매도 없고, 이리 막히고 저리 막히고, 때로 오해와 비난을 받기도 한다. 앞날에 희망은 보이지 않고 눈앞이 캄캄하기만 할 때 당장이라도 그만두고 싶은 마음이 들지라도 잠시 숨을 고르고 냉정하게 판단해보자. 그리고 이 길이 하나님이 기뻐하시는 그 길이 맞다면 인내하며 계속 달려가자. 그날 하나님이 우리를 귀하게 영접해주실 것이다.

주님을 만날 날을 기대하면서 다시 새 마음으로 하나님을 위해 달려가라. 주어진 일을 열심히 하다가 때가 되어 엘리야처럼 후배들에게 겉옷을 던지며 임무 교대를 하자!

우리가 선을 행하되 낙심하지 말지니 포기하지 아니하면 때가 이르매 거두리라(갈 6:9).

13

짙은 어둠 속 더욱 빛나는 일꾼
『엘리사』

악하고 타락한 시대를 살았던 엘리사,
그는 엘리야의 일을 이어갈 만큼 준비된 인물이었지만,
엘리야보다 2배나 많은 능력을 간구했다.
엘리사는 왜 엘리야보다 2배나 많은 성령의 역사를 간구했는가?

1. 대안 없이 순종하는 자

엘리사는 엘리야의 후계자로 부름을 받았을 때 즉각 순종한 선지자였다. 엘리사가 열두 겨릿소를 앞세우고 밭을 갈고 있을 때 엘리야가 나타나 그에게 겉옷을 던졌다. 그러자 엘리사는 소의 기구를 불사르고 소를 잡아 백성에게 먹게 한 후 엘리야를 따랐다. 소의 기구를 불살랐다는 것은 마음을 정했으므로 다시 돌아가지 않겠다는 뜻이다.

당시 엘리야는 아합왕이 내린 수배령 때문에 쫓겨 다니는 상황이라, 그를 따르는 것은 죽음까지 각오해야 하는 일이었다. 엘리사는 경제적으로 별 문제없이 생활하던 사람이었지만, 엘리야는 도망 다니며 까마귀에게서, 사르밧 과부의 집에서 얻어먹고 살던 가난한 선지자였다. 엘리사가 엘리야를 따른다는 것은 이후로 대안 없이 살겠다는 결정이었다. 지금까지 누리던 모든 안정된 생활을 포기하는 일이었다. 그럼에도 엘리사는 즉각 순종했다. 하나님의 부르심을 피하지 않았다. 하나님은 엘리사의 성격과 신앙을 아시고 그를 엘리야의 후계자로 정하신 것 같다. 엘리사는 한번 마음을 정하면 뒤돌아보지 않고 그대로 이행하는 사람이었다.

우리도 어둠 가운데 있다가 주님께 부르심을 받아 천국 백성이 되었다. 부르심을 받은 우리도 엘리사처럼 앞날에 대한 대안이 없이 안정된 삶을 포기해야 할지도 모른다. 어쩌면 목숨을 버려야 하는 위험한 상황을 직면할 수도 있다. 하지만 하나님이 원하신다면 "주님, 제 삶을 드립니다"라고 고백할 수 있어야 한다. 주님이 내 삶을 사용하시도록 내어드려야 한다는 의미다.

'주님의 일은 선교사가 하고, 나는 헌금만 드린다'라고 생각해선 안 된다. 하나님은 돈이 필요 없으시다. 돈보다 나를 필요로 하신다. 주님은 우리를 위해 자신을 주셨는데, 지금까지 나는 한 번도 나 자신을 주님께 드린 적이 없을지도 모른다. 부모님은 나를 위해 모든 것을 희생하셨는데 자신은 그런 부모님을 위해 뭔가를 해본 일이 없다면 부모님의 은혜를 깨달아본 적이 없는 자녀다.

만약 하나님이 나를 부르시는 상황이 오면 어떻게 하겠는가? "기도 좀 해보고요…"라고 답할 것인가? 맞는 자세다. 기도해봐야 한다. 그런데 하나님의 원하심을 뻔히 알면서도 기도해보겠다며 시간을 벌다가 양심이 무디어졌을 때 '아닌 것 같다'고 결론을 내리면 안 된다. 언제든지 하나님이 원하실 때 사용하시도록 준비되어 있어야 한다.

아직도 나의 안정과 꿈, 계획에 꽉 매여 있는가? 그렇다면 여전히 중생 이전의 모습, 즉 원하는 대로 사는 삶이다. 거듭난 우리는 주님이 원하시면 기꺼이 주님을 위해 살아야 한다. 주님이 부르시는데 즉시 순종하지 못하도록 나를 붙들고 있는 것이 무엇인가? 돈, 명예, 사람들의 인정, 안정된 삶인가? 엘리사는 엘리사니까 그럴 수 있다는 식으로 치부하면 안 된다. 엘리사가 한 결단을 나도 할 수 있어야 한다.

2. 전임 사역으로 뛰어든 자

"주님의 일을 하려면 누구나 자기 직장을 버려야 합니까?" 이 질문은 베드로가 집과 배를 다 버려두고 주님을 따른 모습을 보고 필자가 대학 시절에 했던 고민이다.

질문에 답하자면, 그것은 사람마다 다르다. 어떤 사람은 직업을 내려놓고 주님을 따르고, 어떤 사람은 직업을 유지한 채 주님을 따른다. 하지만 주님을 따른다는 점에서는 모두 같다. 성경은 우리 모두에게 제자를 삼으라고 하지만 그 일을 위해 직업을 버리라는 말은 하지 않는다. 직업과 관계없이 그리스도인이라면 누구나 제자 삼는 일을 해야 한다.

가장 좋은 예는 바울과 동역했던 브리스길라와 아굴라다(행 18장). 그들은 제자를 삼으면서 천막 짜는 일을 했다. 재무관 에라스도도 자기 직업을 갖고 있으면서 제자를 삼은 것이 분명하다(롬 16:23). 제자 삼는 일은 어떤 직업을 갖고 있든지 해야 할 일이다.

대부분 성도들은 직장을 다니거나 개인 사업을 하면서 그 외 시간을 활용해 하나님의 일을 한다. 그러나 직장에 시간을 너무 많이 빼앗겨 제자를 삼을 수 없거나, 틈틈이 복음을 전하지만 시간이 늘 부족해 답답한 사람이 있다면 개인적으로 결단하고 전임 사역에 뛰어들면 된다. 이것은 신학적 이론이 아니라 본인의 의지에 따른 결단의 문제다. 간절히 원하는 마음이 그 어떤 이론보다 앞서기 때문이다. 가수가 되고 싶은 사람은 노래를 너무 부르고 싶어 가수가 된다. 하나님의 일을 너무 하고 싶은 사람이 목사, 선교사, 복음 전도자가 되는 것이 맞다.

필자가 군복무 중 카투사로 있을 때 오후 5시면 일과가 끝났다. 물론 저녁에 외출하기가 쉽지 않았지만 기도하니 하나님이 길을 열어주셨다. 그래서 5시에 근무를 끝내고 경북대 의대와 영남대 의대를 방문해 제자를 삼았다. 토요일과 주일에는 사람들과 상담도 하고 마음껏 복음을 전했다.

또 이전에 태국에 말씀을 전하러 갔는데, 그 집회에 모인 참석자들 대부분은 농사를 짓거나 목축을 하면서 사역하는 사람들이었다. 농사나 목축은 24시간 내내 일하지 않아도 되는 일이다. 그러다 보니 중간에 나가서 농약을 치고 다시 돌아와 집회에 참여했다. 그들은 그렇게 시간을 활용해 제자를 삼고 있었다.

제자 삼는 일은 하지 않고 직장만 다니면 결국 우리는 이 땅에서 먹고사는 일만 하다가 끝난다. 먹고사는 일을 하려고, 혹은 안정된 삶을 살기 위해 이 땅에 태어났는가? 하나님은 먹고사는 일에 대해 걱정하지 말라고 하셨다. 각자 어떻게 제자를 삼을지 고민해보고 결단할 일이다. 제자를 삼지 못한다면 내가 왜 이 땅에 사는지 스스로에게 물어봐야 한다. 현재 생을 마치는 것과 앞으로 10년, 20년 후에 생을 마치는 것이 무슨 차이가 있는지 생각해보라.

물론 모든 사람이 엘리사처럼 자기 일을 버리고 하나님의 일을 해야 하는 것은 아니다. 하나님의 일을 하기 위해 꼭 직장을 그만두어야 하는 것도 아니다. 그러나 한국 교회의 문제는 아예 직장에만 눌러앉아 있는 성도가 많다는 데 있다. 예수님은 우리에게 제자를 삼으라고 하셨는데, 많은 성도가 제자 삼는 노력을 하지 않는다. 복음을 전하고 제자를 삼으라는 주님의 말씀이 한참 뒷전이다. 제자를 삼지 않고 있다면 잠자는 신자와 무엇이 다른가?

그런데 우리 중에 이런 잘못된 가르침을 퍼뜨리는 사람들이 있다. "직장 일을 열심히 하는 것이 곧 주의 일을 하는 것이고, 그것이 바로 전도다"라고 말이다. 그렇지 않아도 제자 삼는 일에 무관심해서 걱정인데, 이런 이론 때문에 직장 일을 열심히 하는 것으로 주님의 일을 대신하려는 사람들이 늘고 있다. 이것은 성도들을 잠재우는 이론이다. 이런 말에 속으면 안 된다. 물론 직장 일은 세속적이고, 교회의 전임 사역은 거룩하다는 이원론적 사고는 배격해야 한다. 거룩은 외형적인 직장과 교회에 의해 구분되는 것이 아니라 어떤 마음으로 일하는지, 그 자세로 구별되기 때문이다.

직장 일을 열심히 하는 것은 그리스도인으로서 당연한 일이다. 회사와 계약을 맺은 직장인으로서 업무 중에 시간이 난다고 성경을 읽으면 안 된다. 점심시간에 성경을 보는 것은 괜찮겠지만 업무 시간에 교회 일을 하거나 설교 동영상을 듣는 일은 곤란하다. 누가 보든지 보지 않든지 충성스럽게 일하는 것이 그리스도인의 마땅한 자세다.

성실함과 선한 행동은 그리스도인이 갖추어야 할 덕목이지, 그것 자체가 전도가 될 수는 없다. 전도는 입을 열어 복음을 전하는 일이다. 복음을 전할 때 말씀을 통해 성령님이 역사하신다. 그때 거듭나는 일이 일어난다. 성경은 믿음이 들음에서 난다고 분명히 선포한다(롬 10:17). 직장에서 복음을 전하고 제자 삼는 일을 감당하라. 때로는 하나님의 부르심 앞에서 농기구를 불사르고 엘리야를 따른 엘리사처럼 직장을 그만두고 풀타임 사역자로 나서야 할 수도 있다. 늘 이 가능성을 염두에 두고 살아가자.

3. 하늘의 능력을 구하는 자

엘리사는 시대를 읽을 줄 아는 사람이었고, 사명을 감당하기 위해 하나님께 능력을 구하는 자였다.

엘리야가 엘리사에게 이르되 나를 네게서 데려감을 당하기 전에 내가 네게 어떻게 할지를 구하라 엘리사가 이르되 당신의 성령이 하시는 역사가 갑절이나 내게 있게 하소서 하는지라(왕하 2:9).

엘리사는 엘리야의 질문을 기다리기나 한 듯 엘리야를 통해 성령의 역사를 갑절이나 구했다. 왜 갑절이나 구했을까? 그것이 바로 엘리사의 영성이다. 당시 시대가 너무나 악하고 타락해서 자기의 힘으로는 감당하기 어려우니 성령의 능력을 배나 구한 것이다. 보통 "스승님만큼 되게 해주십시오", 혹은 "스승님의 절반이라도 따라가면 좋겠습니다"라고 말한다. 그런데 엘리사는 스승이 가진 능력의 2배를 구했다.

이것은 그만큼 시대적 상황에 대한 엘리사의 인식이 철저함을 보여준다. 엘리사는 자신이 타락과 배도의 물결이 거센 시대를 감당하지 못할 것을 알았다. 그런 면에서 엘리사는 부르심에 순종할 뿐 아니라 시대를 읽은 훌륭한 선지자다. 엘리야의 일을 이어갈 만큼 준비된 인물이었지만, 엘리야보다 2배나 많은 능력을 간구했다.

매우 혼란한 이 시대에 이런 힘이 필요하다. 우리 힘만으로는 세상에 나가봤자 조롱거리밖에 안 된다. 이웃을 돌보기는커녕 자기 몸 하나 제대로 간수하기 어렵다. 내 힘으로 어둠의 권세와 싸워서는 절대로 이기지 못한다.

자신을 믿지 말라. 우리는 깊은 죄 가운데 태어났다. 죄인을 용서하시는 하나님의 은혜로 그리스도인이 되었지만, 여전히 우리 힘으로는 안 된다. 내 힘으로 싸우면 세상에 질 수밖에 없다. 죽을 때까지 날마다 도우시는 하나님의 은혜를 간구해야 한다. 오직 말씀과 기도 생활을 통한 성령 충만함으로만 세상을 이길 수 있다.

이전에 아프리카 케냐에서 마사이족을 만난 적이 있다. 마사이족 청년들의 꿈은 사자를 죽여 잡아오는 것이다. 사자를 죽여야 용감함을 증명하고 남자로서 인정을 받기 때문이다. 그래서 창이나 칼 같은 도구들을 마련해서 어떻게든 사자를 잡으려고 애쓴다. 그렇다. 사자를 잡으려면 칼이나 창 같은 무기가 있어야 한다. 사자와 맨손으로 싸우는 것은 용감한 행동이 아니라 무지하고 무모한 일이다. 성경은 세상에서 권세 잡은 자, 즉 마귀가 세상을 다스린다고 말한다. 그런데 마귀의 영토를 지나가면서 기도도 하지 않고 말씀도 보지 않으면 결과는 뻔하다. 결국 힘없는 세속적 그리스도인이 되고 만다.

엘리사는 깨어 있는 영성을 지닌 사람이었다. 하나님도 인정하셔서 그를 엘리야의 후계자로 삼으셨다. 그런데도 그는 엘리야의 능력보다 갑절이나 되는 능력을 달라고 간구했다. 우리에게도 이런 마음이 필요하다.

타락하고 음란한 이 시대, 깨어 있는 성도들이 많지 않고 교회도 쇠락해가는 이 시대에 주님께 능력을 갑절이나 달라고 기도해야 한다. 자칫 넘어지기가 쉽고, 영광은 고사하고 주님의 이름을 부끄럽게 할 소지가 얼마든지 있기 때문이다. 그러지 않기 위해 엘리사처럼 열정적으로 하나님께 매달려야 할 것이다.

4. 영혼을 사랑하는 자

갑절의 능력을 구했던 엘리사는 하나님의 능력을 받아 많은 기적을 행했다. 요단강을 겉옷으로 쳐서 길을 낸 후 걸어서 강을 건넜다(왕하 2:14). 물이 나빠 토산이 익지 못하고 떨어지자 새 그릇에 소금을 담아 물 가운데 던져서 좋은 물로 바꾸기도 하고, 자신을 조롱하며 대적하는 자들을 멸망시키기도 했다(왕하 2:19-24).

한번은 모압 왕이 이스라엘을 배반하자 이스라엘 여호람왕, 유다 여호사밧왕, 에돔 왕 세 사람이 함께 모압을 치러 갔다가, 간 지 7일째 날에 군사와 가축을 먹일 물이 떨어지는 일이 생겼다. 당황한 이스라엘 왕이 엘리사에게 어려움을 호소하자 엘리사는 여호와의 말씀을 따라 골짜기에 개천을 파게 하고, 거기에서 물이 가득 흐르는 기적을 베풀었다(왕하 3:16-20).

또한 엘리사는 먹고살 길이 없는 과부에게 기름을 공급하여 빚을 청산하고 생활비까지 마련할 수 있게 도와주었다(왕하 4:3-6). 그뿐 아니라 아이가 없는 수넴 여인이 잉태하여 아들을 낳게 했고(왕하 4:14-17), 그 아이가 아파서 죽자 다시 살려주기도 했다(왕하 4:32-35). 또 이방 아람 왕의 군대장관 나아만의 나병을 고쳐주기도 했다(왕하 5장).

그중에 엘리사가 나병 환자 나아만을 고쳐준 사건을 살펴보자. 나아만은 아람 군대의 장관이다. 이때의 아람 왕은 베라단 2세로 추정하는데, 당시 아람은 크고 강한 나라였다. 나아만은 그런 강대국의 군대를 통솔하는 장관이었다. 그는 아람을 적으로부터 구한 용사였고 왕의 총애를 받는 신하였는데, 어쩌다가 나병에 걸렸다.

그런 나아만 장군에게 이스라엘 땅에서 사로잡혀온 어린 소녀가 전해주기를, 엘리사 선지자를 만나면 병을 고칠 수 있을 것이라고 했다. 그 말을 들은 나아만은 물에 빠진 사람이 지푸라기라도 잡는 심정으로 엘리사를 찾아가기로 했다. 아람 왕은 나아만의 여행을 허락했고, 자기 신하 나아만을 보내니 고쳐달라는 내용의 편지를 함께 들려 보냈다. 그런데 이 편지를 받은 이스라엘 왕은 아람 왕이 전쟁을 일으킬 구실을 만드는 것이라 생각하며 난감해했다.

이 상황을 전해들은 엘리사는 나아만 장군을 자기에게 보내라고 했다. 왕의 지시를 따라 나아만은 말과 병거를 잔뜩 거느리고 엘리사를 찾아왔다. 이때 나아만은 답례를 하려고 은 10달란트와 금 6,000개, 의복 10벌을 갖고 엘리사의 집에 도착했다.

그런데 정작 엘리사는 내다보지도 않고 종이 대신 나와 요단강에 가서 몸을 일곱 번 씻으라는 말만 전했다. 나아만은 무척 화가 났다. 당연히 선지자가 나와 맞이하면서 손을 얹어 안수하리라고 기대했건만 엘리사는 코빼기도 내밀지 않고, 종을 통해 문 앞에서 몇 마디 전하는 것이 다라니…. 나아만은 요단강에서 씻을 바에는 차라리 자기 나라의 다메섹강에서 씻는 것이 더 낫겠다며 분노해 떠나려 했다.

그러자 함께 온 종들이 나아만을 만류했다. "더한 일을 시켜도 하지 않았겠습니까? 그냥 강에 가서 씻는 일인데 그것을 못하겠습니까?"

라는 종들의 권유를 받고, 나아만은 요단강에 가서 일곱 번 몸을 담갔다. 그랬더니 그의 피부가 회복되어 어린아이 피부처럼 깨끗해졌다.

왜 엘리사는 먼 길을 힘들게 찾아온 나아만을 이렇게 대우했을까? 아마 나아만이 강한 나라의 군대장관으로서 교만한 자세로 하나님 앞에 나왔기 때문인 것 같다. 결국 나아만은 이 일을 통해 이스라엘 외에는 온 천하에 신이 없음을 알게 되었다. 그래서 이제부터는 다른 신에게 번제물과 희생 제사를 드리지 않고 오직 여호와께만 드리겠다고 결심했다.

엘리사는 나아만이 찾아왔을 때 그를 무시해서 영접하지 않은 것이 아니다. 사실 그에게는 더 큰 목적이 있었다. 나아만의 나병만 치료하는 것이 아니라 여호와 하나님을 믿는 신앙을 갖도록 하는 것이었다. 만약 엘리사가 나아만을 직접 맞이하고 안수해서 병을 고쳤다면 나아만은 병만 고침받고 하나님께 경배하는 신앙을 갖지는 못했을 것이다. 엘리사가 나아만에게 단호한 태도를 취했던 까닭은 나아만의 영혼을 사랑했기 때문이다. 이로 인해 나아만은 겸손해졌고, 하나님의 은혜로 나병이 회복되었을 뿐 아니라 영혼까지 새로워질 수 있었다.

당장 눈앞의 평화가 좋은 것이 아니다. 갈등 상황을 견디기 힘들어 좋게 좋게 지내서는 영혼을 구원하기가 어렵다. 집안에 큰소리가 날까 봐 가족을 전도하지 못하는 사람들, 직장에서의 짧은 평화를 위해서 복음의 '복' 자도 꺼내지 못하는 사람들은 궁극적으로 가족이나 직장 동료를 사랑하는 것이 아니다.

우리는 나아만의 영혼까지 생각했던 엘리사의 마음을 배워야 한다. 그리고 나아만의 영혼을 하나님 앞에서 낮아지게 만든 그 방법을 배워야 한다. 당장 눈앞의 평화만 생각하지 말고 엘리사처럼 영혼을 구원하기 위해 더 큰 사랑으로 다가가 도와야 할 것이다.

5. 계속 사용되는 자

엘리사의 제자들이 나무하러 갔다가 빌려온 쇠도끼를 물에 빠뜨렸다. 그러자 엘리사가 나뭇가지를 베어 물에 던져 쇠도끼를 떠오르게 하여 찾아주었다(왕하 6:5-7). 이 대목에서 나뭇가지와 도끼가 떠오르는 것 사이에는 아무런 상관관계가 없다. 자연 법칙에서 무거운 쇠도끼가 물 위로 떠오르는 일은 있을 수 없다. 그러나 엘리사를 통해 이런 기적이 나타났다. 또 엘리사는 제자들이 들에서 캐온 채소로 끓인 국 안의 독을 제거해주기도 했고, 보리떡 20개와 채소 한 자루로 100명을 먹이기도 했다.

왜 엘리사에게 이런 기적이 계속 일어났을까? 그 답은 하나님께 있다. 하나님은 한번 사용한 사람을 계속 사용하신다. 영성이 준비된 사람을 지속적으로 사용하신다. 모세, 여호수아, 사무엘, 엘리야, 베드로, 바울 등 성경의 인물들은 가는 곳마다 놀라운 역사를 일으켰다.

운동선수들이 시합을 하는 경우, 주전 선수와 후보 선수가 서로 돌아가면서 공평하게 경기에 나가지 않는다. 실력이 월등히 뛰어난 선수가 더 많은 경기에 출전한다. 하나님의 일도 마찬가지다. 이미 영성이 준비되어 있어서 하나님의 일에 사용되기 시작하면 계속 사용된다. 그러나 사용되지 않는 사람은 끝까지 사용되지 않는다. 하늘의 법칙이다. 있는 자는 더 받고, 없는 자는 그나마 조금 있던 것마저도 빼앗긴다.

그렇다면 현재 나는 하나님의 일에 사용되고 있는가? 아니라면 언제쯤 사용될까? 마땅히 하나님께 사용되기를 기대해야 한다. 지금 하나님의 일에 쓰임 받고 있다면 일단 안심할 수 있고, 계속 쓰임 받기를 기대할 수도 있다. 하지만 아직 하나님께 한 번이라도 사용되지 못한 사람이 있다면 혹시 자신이 미지근한 신자는 아닌지 돌아보라. 미지근한 신앙을 가진 사람들은 내면에 평안, 기쁨, 열매가 없을 뿐 아니라, 더 안타까운 일은 하나님께 쓰임 받지 못한 채 생을 마친다.

필자의 경우, 워낙 축구를 못해서 평생 축구 선수로 기용된 일이 없다. 또 앞으로도 사용될 가능성은 전혀 없다. 그렇다고 섭섭하지는 않다. 하지만 하나님의 일과 관련해서는 경우가 다르다. 지금까지 하나님께 사용되어왔고, 앞으로도 계속 사용되기를 기대하고 있다.

그리스도인이라면 누구나 하나님께 사용된 후 생을 마쳐야 한다. 하나님께 쓰임 받으려면 하나님의 일에 합당한 사람으로 준비되어야 한다. 영성을 키우고 하나님 나라를 위해 뜨거운 마음을 품어야 한다. 하나님이 굳이 세상과 하나님을 겸하여 섬기는 미지근한 성도를 쓰실 필요가 있을까? 미지근한 성도는 하나님께 사용되지 못한다.

하나님의 백성이 하나님의 일에 사용되지도 못하고 생을 마치는 것은 달란트 비유에서 땅에 1달란트를 묻어두었던 종처럼 비참한 생을 사는 것과 같다. 엘리사는 하나님께 계속 사용되는 사람이었다.

6. 기도로 세상을 이기는 자

엘리사는 기도로 일하는 자였다. 아람 왕이 이스라엘을 공격하려고 그의 신복들과 전략을 짜는데 이 계획이 자꾸 새어나가 이스라엘 왕이 방비한 일이 한두 번이 아니었다. 알고 보니 엘리사가 아람 왕의 계획을 미리 알고 이스라엘 왕에게 알려준 것이었다.

이를 안 아람 왕은 엘리사를 잡아 오려고 엘리사가 있는 도단(북이스라엘의 수도인 사마리아에서 북쪽으로 17km 정도 떨어진 곳에 위치)으로 많은 군사와 말과 병거를 보내 성읍을 둘러쌌다. 수많은 군사를 보고 두려워하는 사환에게 엘리사는 "두려워하지 말라 우리와 함께한 자가 그들과 함께한 자보다 많으니라"(왕하 6:16)라는 말로 안심시키고 기도했다.

여호와여 원하건대 그의 눈을 열어서 보게 하옵소서(왕하 6:17).

그러자 사환의 눈이 밝아져서 불말과 불병거가 산에 가득하여 엘리사를 두르고 있는 광경이 비로소 보였다. 하나님의 군대가 엘리사를 둘러싸 보호하고 있었던 것이다.

아람 군대가 엘리사를 잡으러 들어오자 엘리사는 그들의 눈을 어둡게 해달라고 다시 기도했다. 하나님은 그들의 눈을 어둡게 하셨고, 엘리사는 그들을 사마리아로 인도했다. 적지의 수도에 제 발로 들어간 셈이다. 엘리사는 이 아람 군대를 치려는 이스라엘 왕에게 그들을 멸하지 말고 떡과 물을 준 다음 돌려보내라고 했다.

이 전쟁에서 이스라엘이 아람 군대를 조용히 격퇴할 수 있었던 것은 엘리사의 기도 때문이었다. 이 기도의 능력이 사환의 눈을 뜨게도 했고, 아람 군대의 눈을 어둡게도 했다. 아무리 강한 아람 군대도 기도하는 자를 이길 수는 없었다.

이처럼 하나님은 우리에게 어려움을 주기도 하시지만 동시에 기도의 능력도 주신다. 늘 힘들다고만 하는 성도는 하나님이 주신 기도의 능력을 사용하지 못하는 사람이다. 하나님이 주신 것을 보지 못하고 눈앞에 닥친 어려움만 보고 힘들어한다. 환난을 이길 무기가 손에 있는데도 사용하지를 못한다. 엘리사는 기도로 아람 군사들의 눈을 어둡게 했다. 이 점을 명심해야 한다.

이 세상은 아담과 하와의 타락으로 인해 수고와 애씀과 고통, 갈등과 아픔과 상처, 번민으로 가득 차 있다. 이 땅을 지나는 동안 취업, 결혼, 부부 관계, 자녀 양육, 직장과 사업의 문제 등 어려움이 없을 때가 없다. 그런 문제들을 피해 살고 싶다면 혼자 무인도에 가서 살아야 한다.

세상 사람들은 이 같은 문제를 술로 해결하거나 그냥 안고 간다. 그러나 우리에게는 기도가 있다. 기도의 능력은 그런 어려움을 이기게 한다.

문제는 이 중요한 기도의 능력을 사용하지 않는 데 있다. 힘들어하지만 말고 제발 기도의 능력을 사용하라. 기도가 답이다. 그런데 악한 마귀가 기도를 방해한다. 세상의 재미와 쾌락으로 기도 시간이 줄어들게 만든다. 그러나 어떻게 해서든지 기도의 즐거움과 기도의 능력을 체험해보면 강요하지 않아도 알아서 기도하게 된다. 재미있으니까 기도한다.

7. 상황을 주도하는 자

이후에 아람 왕 벤하닷이 온 군대를 모아 올라와서 사마리아를 에워쌌다. 성안에는 음식이 떨어져 나귀 머리 하나가 은 80세겔(1세겔=5.5g)에 거래되었다. 원래 이스라엘에서는 나귀가 부정한 짐승이라 나귀 머리를 먹지 않는다. 먹을 수 없는 부분이 무려 은 80세겔이며, 비둘기 똥('완두콩'으로도 번역됨) 4분의 1 갑에 은 5세겔이었다. 쉽게 말해서 물가가 엄청 비쌌다. 터무니없이 오른 물가에, 물량조차 부족했다. 적들이 성을 포위하고 있었기 때문에 먹을 양식이 다 떨어졌다. 그렇다 보니 엄마들이 자기 아들을 삶아 먹는 끔찍한 일까지 벌어졌다.

심한 기근 속에서 왕은 애꿎은 엘리사를 죽이려고 했다. 전에 엘리사가 아람 군사들을 살려 보내라고 했기 때문인지, 아니면 이런 상황에서 엘리사가 아무 능력도 나타내지 않아서인지는 모르지만, 이스라엘 왕은 엘리사를 죽이려고 사자를 보냈다. 엘리사는 사자 뒤에 따라온 왕에게 다음 날 사마리아 성문에서 고운 밀가루 한 스아가 1세겔, 보리 두 스아가 1세겔에 거래될 것이라고 말했다. 즉 기근이 끝나고 물가가 원래대로 회복되어 평안히 살게 된다는 예언이었다.

그런데 이 말을 듣던 한 장관이 비방하면서 하나님이 하늘에 창을 내신들 그런 일은 없을 것이라고 말했다. 그 말인즉, 하나님이 하셔도 안 된다는 의미다. 그러자 엘리사가 그에게 "네가 네 눈으로 보리라 그러나 그것을 먹지는 못하리라"(왕하 7:2)라고 말했다.

가만히 보면 왕, 아이를 먹은 두 여인, 장관 등 모두가 주어진 상황에서 벌벌 떨고 낙심하고 있는데 하나님의 사람 엘리사만은 모든 상황을 주도하고 있다. 환경과 상황을 뛰어넘는 믿음을 갖고 있는 엘리사 앞에서 전쟁이나 기근은 아무것도 아니었다. 모든 것을 주관하시는 하나님이 그와 함께하시기 때문이다. 기근과 전쟁 앞에서 엘리사는 흔들리지 않았다. 신앙인이라면 이 정도 단계에 올라와 있어야 한다.

그때 이스라엘 사람들은 적군 때문에 성문을 단단히 걸어 잠그고 성 안에서 버티고 있었고, 오직 나병 환자들만 성문 밖에 있었다. 당시 나병은 하나님의 저주라고 여겨졌으므로, 그들은 하나님과 사람들에게 버림받은 자들이었다. 나병 환자 4명은 어차피 굶어 죽게 되었으니 차라리 아람 군대에 항복하자고 의견을 모았다. 그런데 사실 나병 환자들이 항복한다고 아람 군대가 그들을 받아들일지도 미지수였다. 게다가 이들은 전쟁에서 싸움을 한 군인들도 아니었다.

어쨌든 그들은 항복하러 아람 진영 가까이 다가갔는데, 이상하게도 군인들이 하나도 없었다. 하나님이 병거와 말 소리를 들려주셨더니 이스라엘 왕이 부른 용병이 온 줄 알고 이미 아람 사람들이 겁을 먹고 도망친 이후였다. 그들은 급하게 도망치느라 장막, 말, 나귀를 그대로 남겨두었다.

진영에 도착한 나병 환자들은 장막 여기저기를 다니며 먹고 마시면서 은과 금과 의복을 챙겼다. 그러다가 문득 이러면 안 되겠다고 깨달았다. 자신들은 지금 배부르게 먹고 있지만 성안에 있는 사람들은 먹을 것이 없어서 아이까지 잡아먹는 상황이었다. 나병 환자들은 당장 성문으로 달려가 문지기에게 소식을 전했다. 이스라엘 왕이 병거 둘과 말을 보내 정탐을 해보니 급히 도망하느라고 버린 의복과 병기가 길에 가득했다. 이 소식이 성안에 전해지자 백성들이 몰려가 아람 진영을 노략했다. 엘리사의 예언대로 고운 밀가루 한 스아가 1세겔에, 보리 두 스아가 1세겔에 매매되는 상황이 전개되었다.

한편 엘리사의 예언을 비웃던 장관은 어떻게 되었을까? 왕의 명령을 따라 성문을 지키던 그는 성문에서 백성들에게 밟혀 죽었다(왕하 7:20). 하나님의 말씀을 경시하고 우습게 여기던 장관이 맞이한 비참한 최후다.

이를 보면서 우리는 하나님의 경륜과 뜻을 함부로 조롱하면 안 된다는 사실을 깨닫는다. 장관은 정 믿음이 생기지 않으면 속으로나 생각했어야지, 사람들 앞에서 하나님의 말씀을 비웃지 말았어야 했다. 우리는 하나님의 위엄과 명예를 짓밟지 않도록 조심해야 한다.

가나안 정복을 앞두고 상황을 살피러 간 12명의 정탐꾼들 중 10명은 하나님의 약속을 무시하고, 가나안 정복은 불가능한 일이라고 보고했다. 결국 하나님이 하실 일을 부정적으로 보고 불평했던 그들은 모두 가나안 땅에 들어가기 전에 죽었다. 혹시라도 믿음이 생기지 않거든 속으로만 품든지, 그냥 잠잠하든지 해야지 입을 열어서 하나님을 불신하거나 하나님이 하실 일을 조롱하지 않도록 조심하라.

8. 죽을 때까지도 영성을 유지한 자

그 후 엘리사는 제자 중 하나를 불러 예후에게 가서 그를 이스라엘 왕으로 기름 부으라고 명했다. 예후를 통해 아합의 집을 쳐서 선지자들과 여호와의 종들의 피를 이세벨에게 갚고자 함이었다(왕하 9:1-3). 아합의 원수를 갚아 이스라엘 왕 요람과 아합의 아내 이세벨을 죽인 예후는 왕이 되어 28년 동안 이스라엘을 다스렸다.

예후가 죽자 그의 아들 여호아하스가 왕이 되어 17년간 다스렸고, 그 후 여호아하스의 아들 요아스가 이스라엘 왕이 되었다. 이때 엘리사가 병이 들어 죽게 되자 요아스왕은 그에게 내려와 "내 아버지여 내 아버지여 이스라엘의 병거와 마병이여"(왕하 13:14) 하며 눈물을 흘렸다.

죽은 자를 살렸던 엘리사도 인간이기 때문에 자신의 죽음을 피할 수 없었다. 그는 죽기 전에 자기를 찾아온 이스라엘 왕 요아스에게 활과 화살들을 가져와 동쪽 창을 열고 쏘라고 했다. 요아스가 활을 쏘자, 이는 여호와를 위한 구원의 화살 곧 아람에 대한 구원의 화살이니 왕이 아람을 멸절할 것이라고 말했다. 그러고 나서 다시 화살들을 집고 땅을 치라고 했더니 요아스가 세 번 치고 그쳤다. 엘리사는 대여섯 번을 쳤으면 아람을 진멸할 텐데 세 번밖에 못 치게 되었다며 야단쳤다. 하나님 앞에 나갈 때는 점잖게 체면을 차릴 것이 아니라 필요한 것을 간절히 구하며 나가야 한다는 뜻이다.

엘리사가 죽자 이스라엘은 그를 장사해 묘실에 두었다. 그다음 해에 모압의 도적 떼가 쳐들어왔는데 마침 사람을 장사하는 자들이 도적 떼를 보고 놀라서 시신을 엘리사의 묘실에 던졌다. 그런데 정말 특이하고 놀라운 일이 일어났다. 시신이 엘리사의 뼈에 닿자 곧 살아난 것이다(왕하 13:20-21). 이 사건은 아주 중요한 의미를 지닌다. 엘리사는 일생에 이스라엘을 움직일 만한 영적인 힘이 있었고, 생을 마치는 순간까지 하나님의 섭리를 잘 깨달은 선지자였다. 그의 예언대로 나라의 운명이 정해질 만큼 영향력 있는 선지자였다. 그러더니 죽은 후 그의 묘실에서까지 이런 기적이 일어났다.

하나님의 사람은 영적인 힘이 계속되어야 한다. 우리는 하나님께 쓰임 받되 계속 쓰임 받아야 하고, 죽을 때까지 영적인 힘을 유지해야 한다. 하나님의 신비와 경륜에 통달해 한 나라의 운명을 결정할 정도의 신앙을 유지해야 한다.

그런데 이 땅을 살면서 끝까지 신앙을 유지하기란 정말 쉽지 않다. 선교단체의 문제가 무엇인가? 학생 때는 순장, 리더, 선교팀 담당자 등 많은 일을 하다가 졸업하고 몇 년 지나면 그 열심이 어디론가 사라지고 없다. 이러한 신앙의 퇴보를 피하려면 직장을 다니면서도 이전과 비슷하게 하나님의 일을 하든지, 아니면 그다음 단계의 일을 더 열심히 해야 한다. 대학 시절에 순장이었으면 졸업 후에는 총순장을 하고, 더 시간이 지나면 왕총순장을 하고, 죽을 때쯤에는 대왕총순장을 하면 된다.

한번 주님의 일에 사용됐으면 계속 사용되어야 한다. 조장, 팀장, 간사, 집사, 장로, 목사로 끝까지 하나님의 일을 하는 것이 중요하다. 엘리사처럼 죽을 때까지 하나님께 사용되다가 이 땅을 떠나자.

사명선언문

너희가 흠이 없고 순전하여……세상에서 그들 가운데 빛들로
나타내며 생명의 말씀을 밝혀 _ 빌 2:15-16

1. 생명을 담겠습니다
만드는 책에 주님 주신 생명을 담겠습니다.
그 책으로 복음을 선포하겠습니다.

2. 말씀을 밝히겠습니다
생명의 근본은 말씀입니다.
말씀을 밝혀 성도와 교회의 성장을 돕겠습니다.

3. 빛이 되겠습니다
시대와 영혼의 어두움을 밝혀 주님 앞으로 이끄는
빛이 되는 책을 만들겠습니다.

4. 순전히 행하겠습니다
책을 만들고 전하는 일과 경영하는 일에 부끄러움이 없는
정직함으로 행하겠습니다.

5. 끝까지 전파하겠습니다
모든 사람에게, 땅 끝까지, 주님 오시는 그날까지
복음을 전하는 사명을 다하겠습니다.

서점 안내

광화문점 서울시 종로구 새문안로 69 구세군회관 1층
02)737-2288 / 02)737-4623(F)

강남점 서울시 서초구 신반포로 177 반포쇼핑타운 3동 2층
02)595-1211 / 02)595-3549(F)

구로점 서울시 동작구 시흥대로 602, 3층 302호
02)858-8744 / 02)838-0653(F)

노원점 서울시 노원구 동일로 1366 삼봉빌딩 지하 1층
02)938-7979 / 02)3391-6169(F)

분당점 경기도 성남시 분당구 황새울로 315 대현빌딩 3층
031)707-5566 / 031)707-4999(F)

일산점 경기도 고양시 일산서구 중앙로 1391 레이크타운 지하 1층
031)916-8787 / 031)916-8788(F)

의정부점 경기도 의정부시 청사로47번길 12 성산타워 3층
031)845-0600 / 031)852-6930(F)

인터넷서점 www.lifebook.co.kr